Für Laura

Inhaltsverzeichnis

Vorwort **7**
Danksagung **7**
Vorbemerkungen **8**
Einführung **9**
Angegliederte und besetzte Gebiete **11**
Formationszeichen **15**
Weitere Beschriftungen **23**
Kfz-Kennzeichen **27**
    Deutschland **27**
    Österreich **30**
Vorfahrts- und Verkehrskennzeichen **33**
Wappen **35**
Besondere Kennzeichen **37**
Flaggen **41**
1, I, İ oder J **44**
Römische Ziffern **48**
Punkte **52**
Unbekannte Abkürzungen und Symbole **53**
Datumsmanipulationen **56**
Nachkriegszeit **57**
Empfohlene Literatur **60**
Wörterbuch deutscher und österreichischer militärischer Abkürzungen **61**

Vorwort

In den letzten Jahren erschienen viele Publikationen über 100 Jahre Beginn und Ende des I. Weltkrieges. Der vor hundert Jahren unterzeichnete Versailler Vertrag wurde in der Öffentlichkeit aus gutem Grund kaum wahrgenommen. Fast allen diesen Veröffentlichungen ist gemein, dass sie eher politische Statements als historische Werke sind. Kaum ein Buch schildert den Kriegsverlauf oder wichtige technische Details jener Jahre.
Dieses Buch möchte den Leser in die Lage versetzen, zeitgenössische Quellen, Verordnungen, Tagebucheinträge oder Fotografien richtig zu deuten und zu verstehen. Damals wurden ungeheuer viele, leider nicht standardisierte Abkürzungen verwendet. Diese zu entziffern ist oft sehr schwierig. Alle bisher veröffentlichen Abkürzungsverzeichnisse bilden die Zeit des I. Weltkrieges entweder gar nicht oder nur rudimentär ab. Ihr Schwerpunkt liegt meistens auf der NS-Zeit und dem II. Weltkrieg.
Der Autor hofft auf eine gute Aufnahme beim interessierten Leser.

Dr. Andreas Herzfeld
Im Herbst 2019

Danksagung

Ich möchte Herrn Andreas Bauer Essen für seine Hilfe bei der Zusammenstellung des Wörterbuches und für die Überlassung mehrerer Fotografien besonders danken. Weiterhin hat Herr Jörg M. Karaschewski mich seit Jahren bei der Suche nach seltenen Dokumenten und Fotografien unterstützt.

Vorbemerkungen

Beim Anschauen alter Fotografien aus der Zeit des I. Weltkrieges fallen dem Betrachter schnell die vielen unverständlichen Abkürzungen an den abgebildeten Kraftfahrzeugen auf. Eine sichere Entzifferung gelingt nicht. Eine Suche im Internet kann bei üblichen Verkürzungen hilfreich sein. Aber in den vielen Fällen bleibt man im Unklaren. Erschwerend kommt hinzu, dass die meisten Fotografien aus den von den Kriegsteilnehmern liebevoll gestalteten Erinnerungsalben aus Profitgründen herausgerissen wurden. So entfällt jegliche helfende Information.
Es gibt nur ein einziges Buch aus dem Jahre 1928, welches viele dieser Abkürzungen dechiffriert. Davon existieren noch zwei Exemplare in deutschen Bibliotheken. Spätere Abkürzungsverzeichnisse konzentrieren sich überwiegend auf den Nationalsozialismus und behandeln die Zeit des I. Weltkrieges nur stiefmütterlich.
Wer sich mit dem I. Weltkrieg beschäftigt muss sich in die damalige Zeit zurückversetzen und heutige moralische Vorstellung zurücklassen. Man sollte sich mit den seiner Zeit üblichen Begriffen und gesellschaftlichen Strukturen auseinandersetzen. Wer weiß heute noch, was ein Train, eine Arendt-Station, die Etappe oder Furage ist? Dass Brieftauben, Melder, Ballons oder Radfahrer in großer Menge zum Einsatz kamen? Dass in Südwestafrika wegen fehlender Straßen hohe Beamte in Hängematten getragen wurden? Dass am 11.06.1918 deutsche Truppen in Tbilissi/Tiflis eine Parade abhielten? Dass im Geheimen Zusatzprotokoll zum §12 des Waffenstillstandsabkommens vom 11.11.18 in Compiègne festgelegt wurde, dass die deutschen Truppen im Osten, d.h. Baltikum, Ukraine, Krim, solange bleiben bis sie von alliierten Truppen ersetzt werden?
Jeder wirklich Interessierte sollte die heutige Literatur kritisch betrachten. Viele Dinge werden aus Unwissenheit oder böser Absicht falsch dargestellt. Z.B. tauchen immer wieder in den Zeitschriften Bilder von Kaiser Wilhelm II. auf, auf denen er die russische Feldmarschalluniform trägt. Die Bildunterschrift lautet dann sinngemäß: Clownerie, Maskenball, der Kaiser liebt Fasching, sei eitel usw. In Russland kursieren ähnliche Fotografien von Zar Nikolaus II. Schon damals lästerten Zeitgenossen über diese kaiserliche „Marotte“ und sprachen vom Maskenball. Dabei vergessen die heutigen Journalisten die historische Wahrheit.
Bis zum Krieg waren alle europäischen Königshäuser miteinander verwandt. Kaiser Wilhelm II. war russischer und britischer Feldmarschall, besaß die höchsten russischen und britischen Orden. Es gab in Deutschland „russische“ und „britische“ Regimenter, deren Ehrenkommandanten Zar Nikolaus II. bzw. König Georg V. waren. Genauso war Wilhelm II. Ehrenkommandant russischer und britischer Regimenter. Bei diplomatischen Anlässen zu Hause oder Besuchen in anderen Ländern wurde als Zeichen der Ehrerbietung und Hochachtung die entsprechende Uniform und/oder Orden angelegt. Das hat nichts mit Clownerie zu tun, mit einer gewissen Eitelkeit schon eher.[1]

Einführung

Das Deutsche Reich bestand 1914 aus 25 Bundesstaaten und dem der Krone direkt unterstellten Reichsland Elsass-Lothringen, hatte sechs Schutzgebiete und eine Marinekolonie. Die Einwohner der Bundesstaaten besaßen die Staatsbürgerschaft ihres Landes, d.h. Preußens, Sachsens usw. Staatsbürger des Deutschen Reiches waren nur die Deutschen in den Kolonien und im Reichsland.
Die kleineren deutschen Staaten übergaben ihre Verteidungsangelegenheiten dem Kriegsministerium in Berlin und stellten kleine Kontingente. Sachsen und Württemberg hatten eigene Kriegsministerien, die aber unter der Führung Berlins standen. Die Deutsche Armee hatte zu Friedenszeiten 21 Armeekorps.
Bayern besaß ein eigenes Verteidigungsministerium und drei Armeekorps, welche in Friedenszeiten unabhängig von Berlin waren. Nur im Kriegsfall wurden die bayerischen Armeekorps dem Kriegsministerium in Berlin unterstellt. Dies geschah dann 1914 auch.
Die Deutsche Armee bestand aus dem Heer inklusive Ballon- und später Fliegerformationen sowie der Marine. Die Schutztruppe war der Krone direkt unterstellt und galt als dritte Streitkraft. Eine Luftwaffe gab es nicht.
Man unterschied den Kriegsschauplatz oder Theater[2], die Etappe und das Heimatgebiet. Der Kriegsschauplatz umfasste die Front und den ganz frontnahen Raum. In der Etappe außerhalb der Reichweite der feindlichen Artillerie lagen die Stäbe, Verpflegung- und Verwundetenplätze, Nachrichten-, Funker- und Fernsprecheinrichtungen usw. Die einzelnen Armeen wurden in wechselnde Heeresgruppen eingegliedert. Während des Krieges waren 19 Armeen geplant. Es bestanden noch verschiedene selbstständig operierende Armee-Abteilungen auch Detachement genannt. Wer mehr über die Truppenverteilung wissen möchte, dem sei der Cron empfohlen.
Der Kaiser als oberster Feldherr verbrachte fast den gesamten Krieg im Großen Hauptquartier Seiner Majestät (GHQ). Dort fielen die operativen Entscheidungen. Im weiter bestehenden Kriegsministerium in Berlin beschäftigte man sich überwiegend mit administrativen Dingen wie Ausrüstung, Verpflegung, Kriegsproduktion, Rekrutierung und Ausbildung neuer Soldaten usw.
Im GHQ waren alle Waffengattungen, fast alle Ministerien, Verbindungsoffiziere befreundeter Armeen, Militär-Attachés neutraler Staaten, Presseleute, Wachmannschaften u.v.m. vertreten. Insgesamt dienten dort etwa 4000-5000 Menschen und es waren über 1000 Kraftfahrzeuge registriert, z.B. **GHQ 471-480** für Militär-Attachés und Berichterstatter.
Die Militär-Attachés und Pressevertreter der neutralen Staaten Niederlande, Schweden, Spanien, Argentinien, Chile, Schweiz oder USA[3] (bis zu deren Kriegseintritt) konnten sich im GHQ praktisch freibewegen und hatten die Möglichkeit, die verschiedenen Frontabschnitte zu besuchen. So inspizierten sie die deutsche Westfront,

die Ostfront und die Front in den Karpaten, sowie die Isonzo-Front. Der italienische Militärbevollmächtigte beim GHQ, der komischerweise auch in seriösen Veröffentlichungen fehlt, verließ vor der Kriegserklärung Italiens am 22.05.1915 das GHQ. Während des Weltkrieges gab es drei verschiedene Feldpost: die Kaiserlich Deutsche Feldpost betrieben von der Reichspost, die bayerische Feldpost betrieben von der bayerischen Post und die württembergische Feldpost betrieben von der württembergischen Post.

Rechts: Wagen der Kaiserlich Deutschen Feldpost bei der Südarmee in Russland

Unten: Wagen der Bayerischen Feldpost

Angegliederte und besetzte Gebiete

Während des I. Weltkrieges besetzten deutsche Truppen einige europäische Nachbarländer. In diesen besetzten Ländern herrschten unterschiedliche Bedingungen. Ein Teil dieser Länder kam unter Zivilverwaltung, ein Teil verblieb unter Militärverwaltung. Für diese Behörden gab es verschiedene, klar definierte Bezeichnungen:

	Zuständig für die Zivilbevölkerung und Zivilangelegenheiten	Zuständig für militärische Angelegenheiten
I. Weltkrieg		
Zivilverwaltung	Generalgouverneur (G.G.)	Militärgouverneur (M.G.)
Etappengebiet	Militärgouverneur	Militärgouverneur
Operationsgebiet	Militärgouverneur	OBf. der Armee
Festungs-Gouvernement	Festungsgouverneur (G.)	Festungsgouverneur

In den im I. Weltkrieg eroberten Gebieten wurde eine deutsche Verwaltung eingesetzt. Man errichtete zwei Generalgouvernements – **Warschau (Polen)** und **Belgien (Brüssel)**. Aus den Gebieten Kurland, Litauen und Białystok-Grodno bildete man 1916 das Land **Ober Ost**. Seit 1917 stand auch **Rumänien** unter deutscher Militärverwaltung.
Für die deutsche Verwaltung führte man besondere Kennzeichen ein:

G.G.	Generalgouvernement Belgien (1915-1918)
G.G.W.	Generalgouvernement Warschau (1915-1918)
Ob.Ost	Land Ober Ost (1916-1918)
O.K.M.	Oberkommando Mackensen in Rumänien (1917-1918) und
M.V.R.	Militärverwaltung Rumänien (1917-1918)

Belgien bestand 1914 aus neun Provinzen. Das Generalgouvernement wurde am 26.08.1914 errichtet. Ende 1914 wurden die Provinzen Ost- und Westflandern an die Etappe abgegeben. Sieben Provinzen verblieben im Gouvernement.
Im Generalgouvernement Belgien wurde am 26.05.1915[4] der Verkehr behördlich geregelt. Für die deutsche Verwaltung und Truppen führte man mit den Buchstaben **GG** ein besonderes Unterscheidungszeichen ein.
Das Generalgouvernement **Warschau** wurde erst am 24.08.1915 nach der Eroberung Warschaus gebildet. Mit der „Verordnung über den Verkehr mit privaten Kraftfahrzeugen im General-Gouvernement Warschau“ vom 07.12.1915[5] führte man das Unterscheidungszeichen **G.G.W.** ein. Eine Verteilung von Erkennungsnummern auf die Provinzen bzw. Wojewodschaften wurde nicht bekannt gegeben.

Von den k.u.k.-Truppen wurde das Gebiet um **Lublin** verwaltet. Für das k.u.k. Militärgouvernement, seit 1916 k.u.k. Militär-General-Gouvernement (M.G.G.), sind keine Verordnungen über den Verkehr mit Kraftfahrzeugen bekannt.

Generalgouvernement Belgien, deutsches Kfz aus der Provinz Namur

Generalgouvernement Warschau PKW G.G.W.3 und Krad G.G.W.17

Das Land **Ober Ost** entstand am 07.06.1916 mit der Einführung einer einheitlichen Verwaltungsordnung für Kurland, Litauen und Białystok-Grodno. Nach heutigem Kenntnisstand wurden für die Zivilbevölkerung keine neuen Unterscheidungszeichen eingeführt. Zum Benutzen eines Kfz benötigte man einen Erlaubnisschein. Wer die Grenze überschreiten wollte, brauchte einen Reiseschein[6]. Im Bereich der Militärverwaltung verwendete man die Kennung **Ob.Ost.**

Außerdem wurde noch am 12.01.1917 eine Militärverwaltung in **Rumänien** eingerichtet. Für den Verkehr mit Kraftfahrzeugen gab es nur eine einzige bekannte Anordnung. Am 30.01.1917[7] wird festgelegt, dass Kfz nur mit einem Verkehrsschein betrieben werden dürfen. Besondere Kennzeichen gab es offenbar nicht. Die Militärverwaltung hatte das Kennzeichen **M.V.R.** – Militärverwaltung Rumänien und das Militär **O.K.M.** – Oberkommando Mackensen.

Dieses Bild wurde 1917 in Craiova/Rumänien aufgenommen.
Die Soldaten sind polnische Freiwillige, die in der deutschen Armee kämpften.

Oberkommando Mackensen

Formationszeichen

Das Formationszeichen wurde am 15.02.1915 mit den „Heerespolizeilichen Bestimmungen für den Kraftwagenverkehr auf dem Kriegsschauplatz (H.B.K.)“ eingeführt. Mit der Verordnung “Kraftwagen-Verkehr auf dem Kriegsschauplatz” vom 10.08.1917 schaffte man es mit der Begründung, dass der Feind durch diese Beschriftungen zu viele Informationen über die Truppen, deren Stärke und Bewaffnung erfahre, wieder ab.
Eine Erkenntnis die sich 27 Jahre später wiederholt: Himmler verbot mit Verfügung vom 27.12.1944 die Nutzung von Autostandern im Bereich der gesamten SS und Polizei:
„In den geregelten und eingespielten Verhältnissen des Friedens hatten Autostander den Zweck, den die Kommandoflagge führenden Kommandeuren ein rasches Durchkommen durch jede Sperre und bei jedem Posten zu ermöglichen.
Im Kriege ist diese Regelung nicht sinnvoll, da es gerade Aufgabe aller Posten und Streifen ist, jeden Wagen, auch den, in welchem höhere oder angeblich höhere Führer sitzen, zu kontrollieren, und zugleich Pflicht besonders der höheren Kommandeure, diese Kontrollen mit größter Selbstdisziplin zu unterstützen. Der kluge Feind nutzt ohnehin die deutsche Mentalität aus, die seit den Zeiten des Hauptmanns von Köpenick ziemlich die gleiche geblieben ist, und tarnt seine besten Agenten durch deutsche Uniformen mit möglichst hohen Rangabzeichen.
Mit Wirkung vom 1.1.1945 verbiete ich daher auf Kriegsdauer, Autostander zu führen.“
Die österreichische Armee hatte ebenfalls Formationszeichen. Mit Verfügung vom 20.06.1915 werden alle ärarischen Kraftfahrzeuge (vom Staat aufgekaufte oder für die Kriegszeit gemietete Kfz) an beiden Seiten der Motorhaube mit weißer Farbe nach folgendem Schema beschriftet[8] (entspricht dem deutschen Formationszeichen).
Die Bezeichnung „K.u.K. Kraftfahrtruppe“ stand in der oberen Zeile. Es existieren auch Abweichungen wie „K.u.K. Autotruppe“. In der unteren Zeile war die Bezeichnung des Kommandos anzugeben. Im Befehl werden beispielhaft diese Abkürzungen genannt: E.O.K., 1.O.A.K., 11.Kpskmdo., 100.Ldst.I.Brig., Kraftwagenkol.Innsbruck, Milkmdo.Innsbruck, Rayonkommando X und Kraftwg. Ers.Dep.Prag.

K.u.K. Kraftfahrtruppe
.............Kommando

Das Formationszeichen wurde auf die Motorhaube, an die Wagentür oder bei LKW auch auf beiden Seiten des Wagenkastens mit weißer Farbe aufgemalt oder aufschabloniert. Es bestand aus mehreren Buchstaben und Zahlen, die die Bezeichnung der Formation in üblicher Abkürzung wiedergab. Genau darin besteht unser heutiges Problem. Diese „üblichen“ Abkürzungen waren nicht standardisiert und es gab auch keine Abkürzungsübersichten. Nur für die Erkennungsmarken der Soldaten und Offiziere gab es eine kurze Zusammenstellung (s. unten), deren letzter Satz lautet: „In der Abkürzung der sonstigen Bezeichnungen besteht freie Hand.“ Diesen Mangel soll das Buch beheben.

Für die bei der **Stempelung der Erkennungsmarken** anzuwendenden Abkürzungen gilt folgendes:

1. Namen der Truppenteile (z. B. Bremen, Deutschordensregiment) und Landesbezeichnungen (z. B. A. = Anhaltisch, B. = Brandenburgisch) dürfen nicht angebracht werden.
2. Als Abkürzungen sind einheitlich anzuwenden:

für		für	
Abteilung	Abt.	Kommando	Kdo.
Armierungs-(Bataillon)	Arm. (Batl.)	Korps	Kps.
Artillerie	Artl.	Kraftwagen	Krfw.
Armee (Korps, Oberkmd.)	Arm.	Kürassier	Kür.
Bataillon	Batl.	Landsturm	Ldst.
Batterie	Batt.	Landwehr	Ldw.
Ballonabwehr-(Kanonen)	Bllabw. (Kan.)	Lazarett	Laz.
Bäckerei-(Kolonne)	Bäck. (Kol.)	Lehr-Infanterie-Regiment	Lehr.
Betriebs-(Kompagnie)	Btr. (K.)	Leichte	L.
Brückentrain	Br. Tr.	Luftschiffer	Luftsch.
Brigade	Brg.	Magazin	Mag.
Bau-(Kompagnie)	Bau (K.)	Maschinengewehr	Masch.
Depot	Dep.	Minenwerfer	Minw.
Division	Div.	Mittlere	Mtt.
Doppel-(Zug)	Dpp. (Zg.)	Mobil	Mob.
Dragoner	Dr.	Mörser	Mrs.
Eisenbahn	Eisb.	Munitions-(Kolonne)	Mun.(Kol.)
Eskadron	Esk.	Pferde-(Depot)	Pfd.(Dep.)
Ersatz	Ers.	Pionier	Pi.
Etappe	Et.	Proviant	Prov.
Feld-(Artillerie)	Fd. (Artl.)	Radfahrer	Rdf.
Fernsprech-(Zug)	Fsp. (Zg.)	Regiment	R.
Festungs-(Masch. Gew. Abtlg.)	Fst. (Masch. Abt.)	Rekruten-(Depot)	Rekr.(Dep.)
		Reserve	Res.
Flieger	Flg.	Sammel-(Kompagnie)	Sml.(K.)
Fuhrpark	Fhrp.	Sanitäts	San.
Funker	Fk.	Scheinwerfer	Schwf.
Füsilier	Füs.	Schlächterei	Schl.
Fuß (Artillerie)	Fuß (Artl.)	Signal-(Trupp)	Si. (Tpp.)
Garde	Gard.	Schneeschuh-Bataillon	Schnee Batl.
Gebirgs- (Masch. Gew. Abtlg.)	Gbg. (Masch. Abt.)	Schwerer	Schw.
		Staffelstab	Stffstb.
Grenadier	Gren.	Station	Stat.
Husaren	Hus.	Straßenbau-(Kompagnie)	Str. Bau (K.)
Jäger	Jäg.	Telegraphen	Telgr.
Jäger zu Pferde	Jäg. z. Pf.	Train	Tr.
Infanterie	J.	Trupp	Tpp.
Kavallerie	Kav.	Überplanmäßig	Übpl.
Kanonen	Kan.	Ulanen	Ul.
Kolonne	Kol.	Vermessungs-(Trupp)	Verm. (Tpp.)
Kompagnie	K.	Verpflegungs-(Kolonne)	Vpfl. (Kol.)
Kommandantur	Kdtr.	Zug	Zg.

In der Abkürzung der sonstigen Bezeichnungen besteht freie Hand.

Einige Beispiele zur Illustration: G. Q. M. (Generalquartiermeister), A.O.K. (Armeeoberkommando), Et.Mun.W. (Etappenmunitionswesen), R.E.B.K.12 (Reserve-

Eisenbahnbaukompanie 12), Mil.Eis.Dir.3 (Militäreisenbahndirektion 3) usw. Anhand dieser Beispiele kann man schon die Schwierigkeiten, die bei der Interpretation der Abkürzungen auftreten, erkennen. Die offizielle Abkürzung für Eisenbahn war Eis. Bei längeren Bezeichnungen wurde Eis zu E verkürzt. Ein weiteres Beispiel ist R.J.R. – Reserve Infanterie-Regiment.

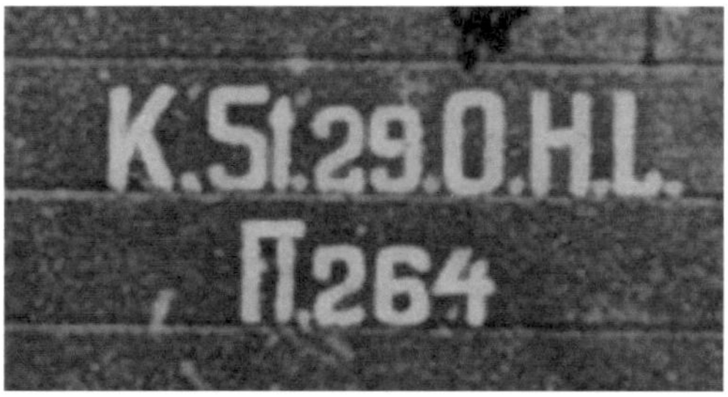

Kampfstaffel 29 der
Obersten Heeresleitung,
Fliegerformation Wagen 264

Leichte Munitionskolonne
1/ Reserve Festungsartillerieregiment 11
Bei der Armee-Abteilung Woyrsch, W 26

Ch.d.G.St. – Chef des Generalstabes, GHQ Kennzeichen auf der Motorhaube

Kommandeur der Kraftfahrtruppe Nr. 7, Wagen 2

Württ.Et.Kr.Kol.87 – Württembergische Etappen-Kraftwagen-Kolonne 87
bei der Armee-Abteilung A

Armee-Fernsprech-Abteilung bei der V. Armee

General Gouvernement Warschau, Festungsbauinspektion

B.Et.Mun.Kr.Kol. – Bayerische Etappen-Munitions-Kraftfahr-Kolonne
d.1.b.Lw?Div. – der 1. Bayerischen Landwehrdivision?

Reserve-Fernsprech-Abteilung 10 der 19. Reservedivision, Armee-Abteilung Gaede

A.Flg.P.6B. – Armee-Flug-Park 6b Wagen 4 (Aufnahme 1915 in Frankreich)

Probefahrtkennzeichen des Marinekorps Flandern M0676 und M0674
Sowie Formationszeichen Stab des Marinekorps M.K.St.

Die Fliegerformation 300[9] der Heeresgruppe F in Palästina hatte als Formationszeichen nur die 300 ohne Buchstaben wie z.B. Fl.A. am Kühlergrill.

Weitere Beschriftungen

Im Herbst 1914 gründete man Heimatkraftfahrzeugzentralen, offiziell Immobile Kraftwagen Depots **J.K.D.** genannt, deren Aufgabe in Transportleistungen, Kraftfahrzeugreparaturen u.ä. bestand. Außerdem existierten noch J.K.H.D. – Immobile Kraftwagen Hilfsdepots. Die im Heimatgebiet vergebene IKD-Kennung verblieb unabhängig vom später vergebenen Kennzeichen an der Wagentür.

li.: Wagen des IKD 7 in Untertürkheim

Auf dem Foto unten weisen die Buchstaben **B.A.C.** darauf hin, dass der Besitzer des Kraftfahrzeuges Mitglied im Berliner Automobil Club ist. Die Bedeutung des Buchstaben **S** ist nicht ganz klar und möglich wäre „Schloßwache" oder „Stab".

Wagen des IKD 8 Berlin-Schöneberg, Kennung III. Armee

Auch auf dem nächsten Bild ist die Interpretation des Buchstaben **K** als Kriegsamt unsicher. Andererseits darf man davon ausgehen, dass solche Sonderkennungen nur wichtige und in der höchsten Ebene angesiedelte Behörden und Kommandostellen erhielten.

Im Juni 1916 führt man in Österreich die „Kriegsnummerierung“ für sogenannte ärarische (verstaatlichte Zivilfahrzeuge) Kfz ein. Den Buchstaben **KN** folgte eine mit zwei Sternen eingerahmte, laufende Nummer: KN *1234*. Diese Kriegsnummer wurde entweder in den Fahrzeugrahmen eingepresst oder mit roter Farbe auf den linken Kotflügel aufschabloniert. Die Nummernverteilung ist bei Schimon aufgeführt.

Im August 1918 wird in Österreich eine zusätzliche Nummerierung aller zur Artillerie, den Luftabwehrbatterien und zu den Küstenartillerieautoparks gehörenden LKW angeordnet. Diese aus **ART.** und einer Ziffer bestehende Bezeichnung wurde in etwa 40 cm Größe an beiden Bordwänden und der Rückwand angebracht.

Es gab noch eine Reihe verschiedener Hinweisschilder wie Probefahrt oder Militärfeuerwehr.

Die Aufschrift „LÖWE“ wurde bei Transportversuchen mit dem Zugwagen „Löwe“ auf die seitlich Bordwand aufgetragen (österr.).

Artilleriefahrzeug der k.u.k. 11. Armee

Probefahrtkennzeichen des Kraftfahrparkes im Großen Hauptquartier

Militärfeuerwehr in Brest-Litowsk/Russland, alle Fahrzeuge haben die Kennung **DB**

Kfz-Kennzeichen

Hier geht es in erster Linie um die Kfz-Kennzeichen, die im militärischen Bereich vergeben wurden. Die zivilen Kfz-Kennzeichen werden ausführlich bei Herzfeld „Handbuch deutsche KFZ-Kennzeichen Band 1“ besprochen.

Deutschland

Nach Angaben in der Literatur wurden im I. Weltkrieg allein auf deutscher Seite etwa 500000 Fahrzeuge eingesetzt. In zwei Verordnungen[10] regelte man den Kraftfahrzeugverkehr im Felde.

Übersicht über alle militärischen Kfz-Kennzeichen im I. Weltkrieg

Feldheer	
A	Armee-Abteilung A (1916-1918)
AK	Alpenkorps (1915-1918)
B	Armee-Abteilung B (1916-1918)
C	Armee-Abteilung C (1917-1918)
D	Armee-Abteilung D (1917-1918)
DB	Deutsches Besatzungsheer in Rußland (1917-1918)
Eis.	Stäbe u. Formationen d. Eisenbahntruppen (1914-1918)
F.	Armee-Abteilung v. Falkenhausen (1914-1916); Heeresgruppe F (1917-1918)
Fest. M.	Festungsgouvernement Metz (1914-1918)
Fest. Str.	Festungsgouvernement Strassburg (1914-1918)
Fl.	Luftstreitkräfte (Fliegerformationen) zur Verfügung der O.H.L.
G.	Armee-Abteilung Gaede (1914-1916)
G.H.Q.	Großes Hauptquartier Seiner Majestät (1915-1918)
Gr.	Armee-Abteilung Gronau (1916-1917)
J.K.D.	Immobiles Kraftwagendepot (1914-1918)
K.	AOK Küstenverteidigung (1916-1918)
K.F.A.C.	Kaiserliches Freiwilliges Automobilkorps (1914-1916)
KrA	Kraftfahrabteilung
K.v.B.	Heeresgruppe Kronprinz von Bayern (1916-1918)
M.V.R.	Militärverwaltung Rumänien (1917-1918)
N.A.	Nachrichtenabteilung
Ob.Ost	Oberbefehlshaber Ost (1915-1918)
O.K.M.	Oberkommando Mackensen (1915-1918)
S	Südarmee (1915-1918)
S.F.	Sonderformationen zur Verfügung der O.H.L. (1915-1918)
Str.	Armee-Abteilung Strantz (1914-1917)
W.	Armee-Abteilung Woyrsch (1914-1917)
Preußische Krone	Kaiserliche Automobilabteilung (1906?-1918)
I. bis XIX.	1.-19. Armee (1914-1918)
XX	Nordkorps (1915)?
XXI	Pascha I (1916)?
XXII	Deutsches Karpatenkorps D.K.K. (1915-1918)

Seestreitkräfte

M	Marinekorps Flandern

Nicht zum Feldheer (Seestreitkräfte) gehörend

G.G.	Generalgouvernement Belgien (1915-1918)
G.G.W.	Generalgouvernement Warschau (1916-1918)
M.K. I. bis XXI.	Militärkraftwagen des Heimatheeres (1914-1918)
II M	Bayerische Militärkraftwagen (1910-1919)

Auf dem Kriegsschauplatz verloren alle Heimatzulassungen (M.K., IIM oder zivile) ihre Gültigkeit. Alle Fahrzeuge erhielten im ersten erreichten Etappen-Hauptort eine Kennzeichnung entsprechend ihrer neuen Zugehörigkeit. Mit römischen Ziffern kennzeichnete man die Fahrzeuge der Armeen entsprechend ihrer offiziell vorgegebenen Nummerierung. D.h. alle Kraftwagen und Motorräder der **4. Armee** (egal ob preußischer, bayerischer o.a. Herkunft) hatten die Kennung **IV** gefolgt von der Heeresnummer.
Selbstständig operierende **Armee-Abteilungen** erhielten anfangs Unterscheidungszeichen bestehend aus den Anfangsbuchstaben des Befehlshabers der Abteilung, später vergab man, wie bei den Heeresgruppen, Buchstaben in alphabetischer Reihenfolge. Entgegen anderslautenden Aussagen waren alle Unterscheidungszeichen genehmigungspflichtig! Zuständig waren das Kriegsministerium und der Generalquartiermeister.
Eine Besonderheit sind die im Heimatgebiet liegenden Festungsgouvernements. Diese sollten den Einbruch ausländischer Truppen auf das Reichsgebiet verhindern oder wenigstens verlangsamen. Eigene Kennzeichen sind für die Festungen Metz und Strasburg, welche mit **Fest** beginnen, bekannt. Von den über 20 Festungen, die 1914 im Deutschen Reich existierten, hatten außerdem die Festungen in Thorn, Königsberg, Posen und Graudenz den Status eines Festungsgouvernements. Leider ist nicht bekannt, ob diese ebenfalls eigene Unterscheidungszeichen führten.

Die Fahrzeuge des Kaiserlichen Freiwilligen Automobil-Corps (K.F.A.C.) führten im Heimatgebiet rote MK-Nummern mit einer zusätzlichen Schlussscheibe (s. S. 33) neben dem hinteren Nummernschild. Im Feld verwendete man die Kennung **K.F.A.C**. gefolgt von einer Nummer. Die Wagen hatten einen graugrünen Anstrich mit zwei breiten karmesinroten Streifen an Karosserie und Haube. Im Jahr 1916 erfolgte die Umbenennung in Kaiserliches Kraftfahr-Korps **K.Kf.K.** Ob neue Kennzeichen eingeführt wurden, ist nicht bekannt.

Fahrzeug des K.F.A.C. an der Front

Kraftfahrabteilung Nr. 9 an der Westfront –
Heeresgruppe Kronprinz von Bayern

Kennzeichenbeispiele für das Feldheer

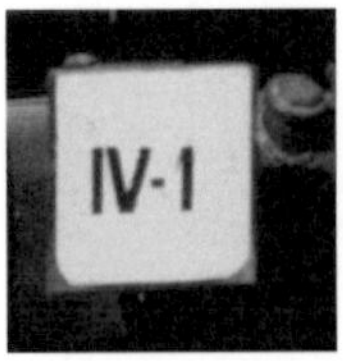

Befehlshaber der
IV. Armee

Festungsgouvernement
Metz Nr. 420

Armee-Abteilung C,
Wagen des Stabes

Armee-Abteilung B

Armee-Abteilung D

Armee-Abteilung
Gaede

Armee-Abteilung von
Falkenhausen

Küstenverteidigung

Armee-Abteilung
Woyrsch

Österreich

In Österreich wurde die überwiegende Zahl der **k.k. Militärfahrzeuge** mit Wiener Kennzeichenserien zugelassen. Zu Kriegsbeginn waren Militärfahrzeuge mit den Tausenderreihen **A IX, X, und XI** zugelassen. Ab 01.01.1915 kamen noch die Serien **A XVI, XVII, XVIII und XIX** in Gebrauch.

In den Kronländern gab es auch Zulassungen mit den lokalen Unterscheidungszeichen. (Abb. nächste Seite)

Während des I. Weltkrieges behielten alle nach dem Kriegsleistungsgesetz eingezogenen Fahrzeuge ihre zivilen Zulassungen. Es wurden an der Front keine speziellen Kennzeichen verwendet[11].

In den Alpen am 01.01.1918

Österreichisches Militär 1912 in Krakau/Galizien

Nur im Kriegsministerium scheint es eigene Unterscheidungszeichen gegeben zu haben, wie das Foto eines Fahrzeuges der österreichisch-ungarischen Festungsartillerie-Direktion auf Inspektionsfahrt zeigt. (Abb. nächste Seite)

FsAD – Festungsartillerie-Direktion Wagen Nr. 5
Das Fahrzeug ist ein Hispano-Suiza

Eine weitere Ausnahme ist die gemeinsame Kennzeichnung der deutschen Südarmee sowie der k.u.k. 2. und der k.u.k. 7. Armee in den Karpaten mit **S** (ab S1001 für die österreichischen Fahrzeuge).

Vorfahrts- und Verkehrskennzeichen

Vorfahrts- und Verkehrskennzeichen werden zusätzlich zum Kennzeichen und anderen Beschriftungen an der vorderen und/oder hinteren Stoßstange angebracht. Sie symbolisieren besondere Rechte und ermöglichen ein schnelleres Vorwärtskommen auf den oft verstopften Straßen.

Im Großen Hauptquartier in Belgien verwendete man auch GHQ-Vorfahrtsschilder
Wagen der Brieftaubenabteilung Oostende (geheime Fliegerformation)
Autostander – Flagge für preußische Prinzen; Der Straßenname lautet Kaiser-Wilhelm-Straße

Das Kaiserliche Freiwillige Automobil-Corps führte eine Schlußscheibe mit den Buchstaben K.F.A.C.

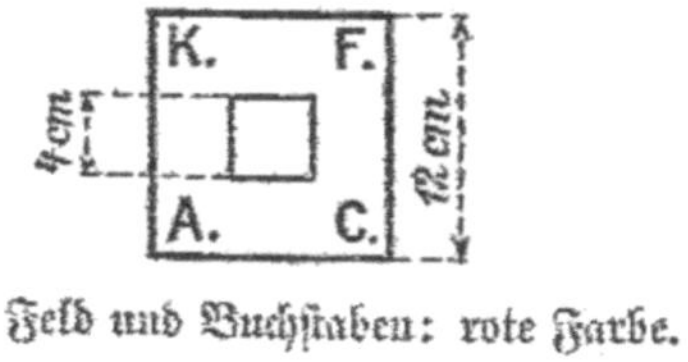

Schlußscheibe der K.F.A.C. Kraftwagen im Heimatgebiet

Gen.Kdo.1.b.R.K – Generalkommando des 1. Bayerischen Reserve-Korps
Am Dach das Vorfahrtzeichen für ein Generalkommando (s. auch Abschnitt Flaggen)

Für den Gouverneur des Festungsgouvermenents Strassburg ist ein quadratisches auf der Spitze stehendes Zusatzkennzeichen **G** bekannt. Die beiden Streifen an der Seite könnten schwarz und rot entsprechend der deutschen Flagge sein.

li. : Wagen des Gouverneurs des Festungs-Gouvernements Strassburg

Wappen

Seit 01.12.1914 wurde an den Kraftfahrzeugen das **Hoheitszeichen** angebracht[12]. Interessant ist, dass von Ausnahmen zu Kriegsbeginn abgesehen, immer das entsprechende Landeswappen angebracht wurde.
Die Fahrzeuge des k.u.k. Militär führten im Gegensatz zu den deutschen Fahrzeugen das gemeinsame österreichisch-ungarische Landeswappen an der Tür. Die Abbildung unten von 1917 zeigt das neue 1916 eingeführte Wappen Österreich-Ungarns.

Das preußische Wappen

Das preußische Wappen
Sommer 1914

Das bayerische Wappen

Das Reichswappen
Sommer 1914

Das Wappen Württembergs

Das große Wappen
Württembergs

Wappen des Marinekorps

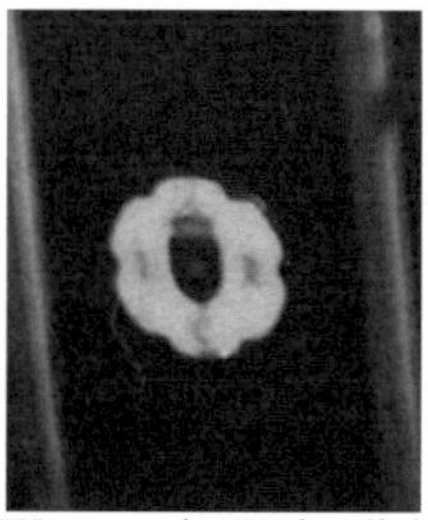

Wappen des Kaiserlichen
Automobilclubs KAC

Das neue 1916 eingeführte Wappen Österreich-Ungarns

Automobil des Kaisers Wilhelm II. mit preußischer Königsflagge und
Wappen des Kaiserlichen Automobil-Clubes an der Tür

Im Großen Hauptquartier in Spa.
An der Wagentür das Abzeichen SM für Seine Majestät?

Besondere Kennungen

Als besondere Kennung ist in erster Linie die Krone auf den Nummernschildern zu nennen. Nachgewiesen ist diese Verwendung für die preußischen und bayerischen Könige bzw. Kronprinzen. Sachsen und Württemberg verwendeten nach heutigem Wissensstand die Krone nicht.

Der preußische Thronfolger an der Front – 1916

Die Wagen des kaiserlichen Fuhrparkes hatten an der Wagentür eine Krone mit zwei fliegenden Bändern.

Kraftwagen Sr. Majestät des Kaisers.

Aus einem Ausbildungsbuch für Infanteristen

Kaiser Wilhelm II. an der Front – Krone mit fliegenden Bändern an der Wagentür

Als weiteres, sehr wichtiges Sonderkennzeichen ist natürlich das Rote Kreuz zu nennen. Kraftfahrzeuge, Schiffe, Verbandsplätze, Krankenhäuser waren damit versehen.

Krankenwagen des XIII. Armeekorps

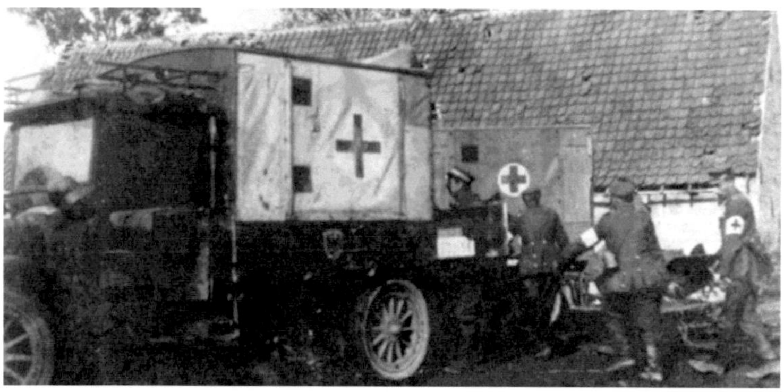

Sanitäter und Sanitätsfahrzeuge während des I. Weltkrieges

Nicht zu verwechseln ist das Rote Kreuz mit dem ebenfalls roten Kreuz der Katholischen Feldgeistlichen. Deren Armbinden waren weiß mit einem violetten durch ein rotes Kreuz unterbrochen Ring.

An Flugzeugen und Tanks wurde seit 1916 das Eiserne Kreuz, teilweise auch als vereinfachtes Balkenkreuz, als Hoheitszeichen angebracht.

li.: Balkenkreuz
re.: Armbinde eines katholischen Feldgeistlichen

Varianten des Eisernen Kreuzes an zwei Flugzeugen

Flaggen

Über die Autoflaggen bzw. Kfz-Stander gibt es ein ausführliches Buch[13]. Hier seien nur einige Beispiele abgebildet.

Flagge des deutschen Kronprinzen 1918 in preußisch Purpur

Es gibt noch weitere Fahnen und Flaggen in denen Abkürzungen verwendet werden. In vielen Regiments- und Divisionsfahnen ist das Monogramm des Landesfürsten bzw. des Namensgebers (z.B. des russischen Zaren oder der britischen Königs) integriert. Das in China operierende Seebataillon trägt die Aufschrift WI für Wilhelm den Ersten.
In der deutschen Armee gab es drei Kommandoflaggen die auch an Kfz verwendet wurden. Das Gleiche gilt für die Admiralsflagge beim Marinekorps Flandern:

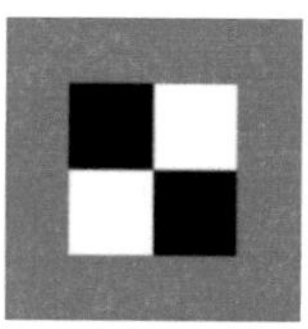

Armeeoberkommando

Generalkommando

Division

Admiralsflagge

Kommandoflaggen der österreichischen Armee

Infanterie- (Kavallerie)
Brigadekommando

Infanterietruppen
Divisionskommando

Kavallerietruppen
Divisionskommando

Korpskommando

Armeekommando

Armeeoberkommando

Fahrzeug M 1 des Marinekorps Flandern. Im Fond Admiral von Schröder. Man beachte die Admiralsflagge am Kotflügel, die Kommandoflagge für den Stab eines Generalkommandos neben der Wagentür und das Wappen des Marinekorps an der Wagentür

Der Generalstabsarzt der österreichischen Armee führte an seinem Fahrzeug die Flagge eines Armeeoberkommandos mit dem Buchstaben **E** für Etappe, da sein Wirkungsbereich im Etappengebiet lag. (Abb. nächste Seite)
Eine weitere Nutzung von Abkürzungen in Flaggen ist die Kenntlichmachung von Fernsprechpunkten mit dem Buchstaben **F**. Eine ähnliche Flagge für Wetterwarten (Buchstabe W) wurde erst während des II. Weltkrieges eingeführt. (Abb. nächste Seite)

Weiterhin führten Kfz mit Sprengstoffen an Bord die sogenannte Pulverflagge. Diese ist schwarz mit einem weißen P.

Wagen des Generalstabsarztes Dr. Nikolaus Hackmann Wien 1916
Kommandant des Feldspitals Nr. I des österreichischen Roten Kreuzes
Kommandoflagge eines Armeekommandos, E=Etappe
K.u.K. Kraftfahrtruppe.
ET(appen).???

Flagge F Fernsprecher

1, I, İ oder J

Die Unterscheidung von **1, I, İ** und **J** ist nicht so einfach. Die Ziffer 1 wird im Heimatgebiet fast immer als Strich **I** geschrieben. Auf dem Kriegsschauplatz hat die Eins oft den gewohnten Anstrich links oben – 1.

Bayerisches Militärfahrzeug während des I. Weltkrieges

Fahrzeuge des Großen Hauptquartiers

Bei römischen Ziffern wird fast immer der Strich **I** verwendet (vgl. S.55).

Fahrzeuge der IV. Armee

Zur Zeit des Kaiserreiches war es üblich das große I als J zu schreiben. Nur in seltenen Fällen schrieb man I. Dadurch ist es für uns schwierig, Abkürzungen in Gesetzen, Berichten oder Formationszeichen richtig zu interpretieren. **J** z.B. kann Infanterie und Jäger bedeuten.

Fahrzeug des IKD 3/4 in Frankfurt/Main

Der Buchstabe I wird immer als **i** kleingeschrieben.

Militärkraftwagen der Eisenbahntruppen Eis 9

Aufgrund dieser Schwierigkeiten mit I und J hat sich die Deutsche Marine im Signalbuch 1913 für **İ** entschieden, um jegliche Verwechselung auszuschließen.

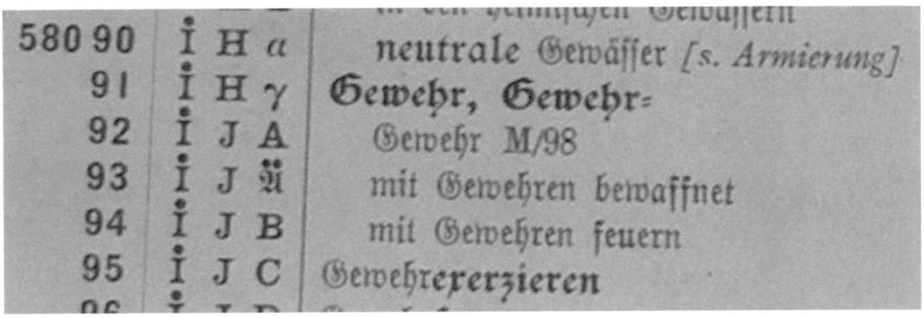

580 90	İ H α	neutrale Gewässer [s. Armierung]
91	İ H γ	**Gewehr, Gewehr=**
92	İ J A	Gewehr M/98
93	İ J Ä	mit Gewehren bewaffnet
94	İ J B	mit Gewehren feuern
95	İ J C	**Gewehrexerzieren**

Signale mit I aus dem Signalbuch der Deutschen Marine von 1913

Ein Beispiel für das mit Hand geschriebene große I:

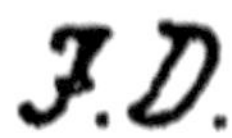

Etappen-Inspektion 6 bei der 6. Armee (VI 252)

Römische Ziffern

Wie schon im vorhergehenden Abschnitt erwähnt, wurden römische Ziffern oft verwendet. Da diese auch im Formationszeichen vorkommen, sollte man bei I, V und X immer die Bedeutung als römische Ziffer in Erwägung ziehen.
Die deutschen Armeen im Weltkrieg nummerierte man mit den römischen Ziffern I-XIX. Im Verlaufe des Krieges wurden einige Armeen umgestellt und reorganisiert. Folgende Armeen wurden NIE aufgestellt: 13., 15. und 16. Armee.
Weiterhin gibt es Fotografien von Kennzeichen mit XX-XXII deren Zuordnung nicht sicher geklärt ist. In Frage kommen meiner Ansicht Korps Posen 1914-15, Nord-Korps 1915, Alpenkorps 1915, Pascha I 1916, Karpatenkorps 1916-17 und Asienkorps 1917-18. Das Korps Posen entfällt, da die römischen Ziffern Februar 1915 eingeführt wurden und seine Mission März/April 1915 endete. Das Alpenkorps hatte eine eigene Kennung **AK**. Das Asienkorps, auch Yildirim oder Pascha II, wurde offiziell als Heeresgruppe F mit dem Kennzeichen **F** geführt. Das Nordkorps könnte also die **XX** geführt haben. Das rein deutsche Unternehmen Pascha I gegen den Suezkanal hätte dann die **XXI**. Die **XXII** gehört zum Deutschen Karpatenkorps. Einige der Fotografien zeigen großflächig Berge und Wälder, was auf die Karpaten schließen lässt.
Mit Verordnung[14] vom 23.10.1914 zur Änderung der Verordnung über den Verkehr mit Kraftfahrzeugen vom 03.02.1910 wurde ab 01.12.1914 das Unterscheidungszeichen **M.K.** für **Mili**tär**kra**ftfahrzeuge im **Reichsgebiet** eingeführt. Die 21 Generalkommandos wurden mit der römischen Ziffer des entsprechenden Armeekorps angegeben, darauf folgte mit arabischen Ziffern die Erkennungsnummer, also **M.K.-III-362**. Da das Gardekorps keinen Territorialbezirk hatte, wurden die diesem Korps zugeteilten Kfz mit III bezeichnet.

Militärkraftwagen M.K. VII. 186 Generalkommando Münster

In den österreichischen Kennzeichen wurden die Tausender mit römischen Ziffern angegeben.

Österreichisches Armeefahrzeug A I 686

Alpenkorps

Bayerische Soldaten der Fliegerabteilung 304 der Heeresgruppe F in Palästina

Fahrzeuge des Nordkorps?

Werkstatt des Deutschen Karpaten-Korps

Das bayerische Militär hatte seit 1910 die Kennung IIM (Abb. s. S. 44)

Punkte

Unsere Vorfahren liebten Punkte. Am Zeilenende, nach Ziffern oder nach vollständigen Worten, am Zeilenende, nach Abkürzungen sowieso, wurden Punkte gesetzt. Das Fehlen von Punkten kann ein Hinweis auf eine Fälschung sein, muss es aber nicht.

Wagen 60 des Oberbefehlshabers Ost mit drei Punkten

Unbekannte Abkürzungen und Symbole

Es gibt eine Reihe von Abkürzungen und Symbolen, deren Bedeutung noch nicht geklärt ist.

Auf EBay waren mehrere Fotografien von Fahrzeugen mit dem Formationszeichen **DKK BL6** ohne jegliche Zusatzinformation zu kaufen. Der Autor dechiffriert es folgendermaßen: Deutsches Karpatenkorps, Bauleitung 6. In den Karpaten waren die Straßen und Brücken schlecht und für große, schwere Kraftfahrzeuge nicht geeignet. Eine Bauleitung wäre dort von Nutzen.

Im Land OberOst gab es eine Militär-Forst-Verwaltung, deren Abkürzung nirgends erwähnt wird. Möglich wäre M.Fo.V. oder. M.F.V.

Rätselhaft ist dieses Blumensymbol an Kraftfahrzeugen der bayerischen Armee (Abb. oben). Möglicherweise ist es ein Truppenkennzeichen, wie sie im II. Weltkrieg zu Hunderten existierten.

Ein weiteres Mysterium ist das wahrscheinlich taktische Zeichen an einem PKW der 208. Infanteriedivision (lt. Zusatzangaben). Ein Kreis als taktisches Zeichen (1917 eingeführt) bedeutet a) Fernsprech-Betriebszug bei einer Fernsprechabteilung einer Heeresgruppe oder Armee oder b) Leichter Minenwerfer. (s. nächste Seite)

Es gibt noch weitere Zeichen unbekannter Bedeutung: P in einem Kreis, drei ineinander verschachtelte Dreiecke und sicher noch andere.

P in weißem Kreis, Wagen XXII 483 Karpathenkorps –
am ehesten Transport von Sprengstoffen (P = Pulver)

An der Frontscheibe drei ineinander geschachtelte Dreiecke, Chemische Waffen??
I. Armee Wagen 7857

Datumsmanipulation

Diese Art der Geschichtsfälschung sei nur der Vollständigkeit halber mit erwähnt. Was ist gemeint? Bekanntermaßen nutzte Russland bis 1918 den julianischen Kalender und hinkte deshalb dem gregorianischen Kalender dreizehn Tage hinterher. Die Oktoberrevolution begann am 25.10.1917. Da war im Westen schon der 07.11.1917. Diesen Datumsunterschied nutzen westliche und neuerdings auch russische Historiker, um Geschichte in ihrem Sinn zu verfälschen. Man nutzt beide Kalender nach Belieben um die Reihenfolge historischer Ereignisse zu vertauschen oder am gleichen Tage stattgefundenen Ereignissen einen dreizehntägigen Abstand zu geben. Nikolai Starikov bringt in seinen Büchern mehrere solcher Beispiele, wo man aus einem Angreifer einen Verteidiger macht, indem man beide Kalender bei der Datierung verwendet, ohne anzugeben welchen man gerade verwendet.

Nachkriegszeit

Wie schon in der Einführung erwähnt, wurde im Geheimen Zusatzprotokoll zum §12 des Waffenstillstandabkommen vom 11.11.18 in Compiègne festgelegt, dass die deutschen Truppen im Osten, d.h. Baltikum, Ukraine, Krim, solange bleiben bis sie von alliierten Truppen ersetzt werden. Die am gleichen Tag erfolgte Gründung der Republik Polen bestätigte die bereits 1916 bei der Wiederbegründung des Königreiches Polen (05.11.1916) durch Deutschland gemachten Befürchtungen. Das Deutsche Reich hatte die Wahl eines Königs auf die Zeit nach dem Krieg verschoben und an seiner Stelle einen deutschen Reichsverweser eingesetzt. Grund dieser Maßnahme war die Angst davor, dass ein unabhängiges Polen die Versorgung und Verbindung zum Ostheer torpedieren oder sogar komplett verhindern würde. Genau das trat zwei Jahre später ein. Die im Osten befindlichen Truppen erhielten keinen bzw. nur minimalen Nachschub, weil die Reparationen enorm waren, die Reichsregierung die Truppen vernachlässigte und Polen jeglichen Nachschub durch sein Land verhinderte. Die so allein gelassenen Verbände mussten sich vor Ort ernähren, um zu überleben und nach Hause zurückzukommen. Die dabei verübten Grausamkeiten und Verbrechen werden von mainstreamkonformen Autoren wie Gerwarth entsprechend dargestellt. Die Ursachen werden verschwiegen und die z.T. noch schlimmerere Zivilisationsbrüche verübenden Polen und Balten werden zu wehrlosen Opfern umstilisiert.

Die deutschen Verbände im Osten behielten wahrscheinlich ihre im Krieg erhaltenen Kennungen bis sie nach Deutschland zurückkehrten.

Im Deutschen Reich wurden nach der Niederlage im I. Weltkrieg und der Demobilisierung am 21.02.1919[15] die Rechtsgrundlagen von 1910 wiederhergestellt. Am 15.04.1919 verloren alle im Eigentume der Militärverwaltung befindlichen Kfz ihre im Kriege erhaltene Zulassung. Ab sofort galt die Maßgabe, dass in die Kennzeichnung dieser Kraftfahrzeuge „vor den zur Bezeichnung des Bundesstaates (Verwaltungsbezirkes) dienenden Buchstaben (römische Ziffer) der römische Buchstabe **M** in den selben Abmessungen, jedoch roter Farbe, einzutragen" war.

Das Kriegsministerium entschied am 19.03.1919, dass die Fahrzeuge der den Oberkommandos Nord, Süd und Lüttwitz unterstellten mobilen Verbände von der o.g. Regelung ausgenommen wurden. Sie erhielten die Bezeichnung **N** (Nord), **S** (Süd) und **L** (Lüttwitz, Walter von; General, schlug 1918 den Spartakusaufstand nieder, 1920 Teilnahme am Kapp-Putsch) gefolgt von einer „Heeresnummer". Die Kennzeichen waren rot auf weißem Grund.

Der Totenkopf war ein häufiges Symbol an Fahrzeugen der Freikorps

Bild eines seltenen HEDI-Panzers mit dem Kennzeichen L 1027 (Generalkommando Lüttwitz) und einer Freikorpsflagge (schwarz-weiß-rot mit Totenkopf) am 23.05.1919 in Leipzig

Fahrzeug des Oberkommandos Nord, Pasewalk am 05.01.1920

Zur gleichen Zeit erhielten bayerische Militärfahrzeuge das Unterscheidungszeichen **M II**, bei dem das M ebenfalls in roter Farbe war.

Bayerisches Militär 1919 mit MII-Zulassung

Empfohlene Literatur

-Chef des Kriegsvermessungswesens: Taktische Zeichen 1917
-Cron, Hermann: Geschichte des Deutschen Heeres im Weltkrieg 1914-1918, Militärverlag Karl Siegismund Berlin 1937
-Cron, Hermann, Duncan Rogers: Imperial German Army, 1914-18: Organisation, Structure, Orders of Battle ISBN: 9781874622291, HELION & CO, englische Übersetzung des deutschen Originals von 1937
-Herzfeld, Andreas: Beiträge zur deutschen Automobilgeschichte, Band 2: Die Rimann'sche Sammlung deutscher Autoflaggen und Kfz-Stander - Deutschland bis 1945 ISBN: 978-3-935131-08-7
-Herzfeld, Andreas: Beiträge zur deutschen Automobilgeschichte, Band 4: Handbuch Deutsche Kfz-Kennzeichen, Band 1 – Deutschland bis 1945, ISBN: 978-3-935131-13-1
-Mehner, Kurt, Reinhard Teuber: Abkürzungen der deutschen Wehrsprache, Militair-Verlag Klaus D. Patzwall 1994 (mit Abstrichen, u.a. fehlen alle Abkürzungen mit T beginnend)
-Otto,R.: Decknamen-Verzeichnis, Reichsarchiv 1925
-Otto,R.: Abkürzungen in militärischen Akten, Heft 1 Deutsche und Österreichische Abkürzungen, Reichsarchiv 1928
-Schönberger,Paul, Stefan Schimmel: Kaisertage, Südverlag Konstanz 2018
-Schimon, Wilfried: Österreich-Ungarns Kraftfahrformationen im Weltkrieg 1914-1918, Mohorjeva Hermagoras, 2007

Wörterbuch deutscher und österreichischer militärischer Abkürzungen

Das vorliegende Wörterbuch enthält neben den an Kraftfahrzeugen verwendete Abkürzungen auch solche die in Akten, Gesetzen, Tagebüchern und im Briefwechsel jener Jahre verwendet wurden. Eine Reihe von Abkürzungen bezieht sich auf die im März 1919 gebildete vorläufige Reichswehr.

Unsichere Interpretationen sind kursiv geschrieben.

A

A.	Anhang
A.	Armee
A.	Assistenzarzt
A.	Ausbildung:-
A.	Abteilung für allgemeine Armee- und persönliche Angelegenheiten des württemberg. Kriegsministeriums
A.	Adjudantur des Reichswehrministeriums
A	Arendt-Stelle (in taktischen Zeichen)
A	Armee-Abteilung A (auf Kfz-Kennzeichen)
A.A.	Armee-Abteilung
A.A.	Auswärtiges Amt
A.A.	Armeearzt
A.A.	Assistenzarzt
A.A.	Auf Anordnung
a.A.	Alter Art
a.a.	Ad acta
a.a.	Ante approbationem (vor der Genehmigung österr.)
A.Abt.	Armee-Abteilung
A.1.	Armee-Abteilung des Kriegsministeriums
A.2.	Infanterie-Abteilung des Kriegsministeriums
A.3.	Kavallerie-Abteilung des Kriegsministeriums
A.4.	Feldartillerie-Abteilung des Kriegsministeriums
A.5.	Fussartillerie-Abteilung des Kriegsministeriums
A.6.	Ingenieur u. Pionier-Abteilung des Kriegsministeriums
A.7.	Verkehrs-Abteilung des Kriegsministeriums
A.7.V.	Verkehrs-Abteilung des Kriegsministeriums (1914)
A.7.Vn	Nachrichtenmittel-Referat des Allgemeinen Kriegs-Departements des Kriegsministeriums
A.7.L.	Luftfahrt-Abteilung des Kriegsministeriums
A.8.	Fabriken-Abteilung des Kriegsministeriums (1914)
A.8.	Abteilung für Aus- und Einfuhr des Kriegsministeriums (seit 26.3.16)
A.9.	Ersatzwesen-Abteilung des Kriegsministeriums von 1.10.13-1.6.14
A.10.	Chemische Abteilung des Kriegsministeriums
A.11.	Abteilung für verbündete Heere beim Kriegsministerium
A VI S	Seetransport-Abteilung beim Reichs-Marine-Amt
A B	Ausbau-Abteilung bei der Metall-Mobilmachungsstelle
A B	Armierungs-Bataillon
a B	Auf Befehl
A B D	Armee-Bekleidungs-Depot
Abds.	Abends
Abg.	Abgang
Abgnachr.	Abgabennachricht
Abk.	Abkürzung
Abl.	Amtsblatt (österr.)
Abl.	Ablage (auf Karten)
Abo	Artillerie-Beobachter
A.B.O.	Ausweisung für den Beobachtungs-Offizier im Flugzeug
Abt.	Abteilung(en)

Abt. W.	Wirtschaftliche Abteilung der Friedenskommission, Abt. Verwaltung des Großen Generalstabes (1919)
Abw.	Abwehr
A.B.W.	Sektion Abwehr der Abt. IIIb des stellvetretenden Genstab der Armee
Abw.	Abwicklung
A.D.	Allgemeines Kriegs-Departement des Kriegsministeriums
A.D.	Artillerie-Direktion (österr.)
A.D. (auch Ad)	Artillerie-Depot
a.D.	Außer Dienst
A.d.B.	Ausgleichsstelle der Bundesstaaten für Heereslieferungen beim Kriegsministerium
A.D.Br.	Ausrüstungs-Nachweis für einen Divisions-Brückentrain
Ad D	Artillerie-Depot-Direktion
A.d.F.	Ausarbeitung der Fetwa, Denkschrift über Luftschiffangriffe auf England
Adj.	Adjudant
Adj.	Adjektiv
Adjut.	Adjudant
Adm.	Administrativ (österr.)
Adm.Krt.	Admiralitätskarte
Adm.St.	Admiralsstab
Adv.	Adverb
A.E.	Eisenbahn-Abteilung des Kriegsministeriums
A.E.	Aufklärungs-Eskadron
a.e.	Ante expeditionem (vor der Abfertigung österr.)
AED	Autoersatzdepot(österr.)
A.E.F.	Aufrüstungsnachweisung für Eisenbahn-Formationen
AEK	Armee-Etappen-Kommando (österr.)
Aeu	Ministerium des Aeusseren oder Auswärtige Angelegenheiten
A.F.	Anna Fedorowna (letzte russ. Kaiserin)
A.F.A.	Armee-Fernsprech(Funker)-Abteilung
A.Fe.A.	Armee-Fernsprech-Abteilung
Aferns.	Armee-Fernsprech-Abteilung
Afl.	Artillerieflieger
A.Fl.A.	Armee-Flieger-Abteilung
A.Fl.P.	Armee-Flieger-Park
A.Flugzeug	Aufklärungsflugzeug (Doppelsitziger Eindecker – Taube – ohne Bewaffnung)
A.Fs.P.	Armee-Fernsprech-Park
A.Fs.Park	Armee-Fernsprech-Park
A.Fssa.Kz.	Armee-Fussartillerie-Kraftzug-Park
A.Fssa.Kr.P.	Armee-Fussartillerie-Kraftzug-Park
Afua.	Armee-Funker-Abteilung
Afunka	Armee-Funker-Abteilung
Afunkpark	Armee-Funker-Park
A.Fussa.Kz.P.	Armee-Fussartillerie-Kraftzug-Park
A.G.	Abwehr-Gruppe des Reichswehrministeriums
A.G.	Aktien-Gesellschaft
A.Gas.Sch.	Armee-Gasschutzlager
A.G.S.L.	Armee-Gasschutzlager

Ah.	Allerhöchst (österr.)
Ah.E.	Allerhöchste Entschließung (österr.)
A.i.F.	Armee im Felde (österr.)
A.Int.	Armee-Intendantur
a.i.R.	Auch in Reinschrift
A.K.	Alpenkorps (auch auf Kfz-Kennzeichen)
A.K.	Armee-Korps
A.K.	Armeekommando (österr.)
A.K.	Artillerie-Konstruktionsbüro
Aka.	Artilleriebekämpfungs-Artillerie
A Kb	Artillerie-Konstruktionsbüro
a.Kd.	Auf Kriegsdauer (österr.)
A.K.F.	Anleitung für Arbeiten der Kavallerie im Felde
A.K.K.	Armee-Kraftwagen-Kolonne
A.K.K.R.	Armee-Kraftwagen-Kolonne mit Raupen-Lastkraftwagen
A.K.O.	Allerhöchste Kabinettordre
Akofern.	Armeefernsprech-Kommandeur
Akofunk.	Armeefunker-Kommandeur
Akokraft.	Kommandeur der Kraftfahrtruppen einer Armee
Akommt.	Kommandeur der Munitions-Kolonnen und Trains einer Armee
Akonach.	Armee-Nachrichten-Kommandeur
A.K.P.	Armee-Kraftwagen-Park
A.K.St.	Armee-Kraftwagen-Staffel
akt.	Aktiv
Akz.	Akzessist (österr.)
Allg.A.	Allgemeine Abteilung im Reichswehrministerium
allgem.	Allgemein
A.M.	Artilleristische Monatshefte
AM	Artillerie-Messtrupp (an Uniformen)
A.M.	Mobilmachungsabteilung des Kriegsministeriums
a.m.	Ante manipulationem (vor weiterer Behandlung, österr.)
Amb.	Ambulanz (österr.)
A.M.K.	Artillerie-Munitionskolonne
A.-M.-Stellung	Antwerpen-Maas-Stellung
A.M.W.Schule.	Armee-Minenwerfer-Schule
An.	Anhalt
A.N.A.	Armee-Nachrichten-Abteilung
A.Nch.	Abteilung für Nachrichtenmittel im Kriegsministerium
A.N.Flieg.	Ausrüstungsnachweisung der Fliegertruppen
ang.	Angestellt
Angel.	Angelegenheit(en)
Anl.	Anlage
Anst.	Anstalt(en)
Anw.	Anwaltschaft
A.O.	Anleitung zum Legen von Oberbau durch Eisenbahntruppen
A.O.	Ostasiatische Abteilung des Kriegsministeriums 1900-1902
A.O.K.	Armeeoberkommando
A.O.K.-Abt.	Fernerkundungs-Abteilung der A.O.K.'s (Fliegerformation)
A.O.v.Pl.	Artillerie-Offizier vom Platz
A.P.	Ausrüstungsnachweisung für eine Pionierkompagnie

A.P.D.	Armee-Post-Direktor
Apeka	Artillerie-Prüfungs-Kommission
A.Pi.Pa.	Armee-Pionier-Park
A.Pi.Ueb.Pl.	Armee-Pionier-Übungsplatz
A.P.K.	Artillerie-Prüfungs-Kommission
APK	Artillerie-Prüfungs-Kommission (an Uniformen)
Apost.	Apostolisch (österr.)
A.Post.Dir.	Armee-Postdirektor
Apoth.	Apotheke
A.R.	Artillerie-Regiment
A.R.(11)	Auto-Reserve (z.B. der 11. Armee) (österr.)
A.R.	Exerzier-Regiment für die Feldartillerie (alt)
Ar.	Reichsarbeitsministerium
A.R.	Archivrat
Ar.A.	Arendt-Abteilung oder Kommandeur einer Arendt-Abteilung
Ar.A.	Waffenamt des Reichswehrministeriums
AR.1	Allgemeine Abteilung des Reichswehrministeriums
AR.2	Waffen- und Munitions-Abteilung des Reichswehrministeriums
AR.3	Geräte-Abteilung des Reichswehrministeriums
AR.4	Zeugamts-Abteilung des Reichswehrministeriums
Arb.	Arbeiter
Arba	Kriegsarbeitsstelle des Württemberg. Kriegsministeriums Stuttgart
A.R.D.	Armee-Reserve-Depot
arg.	Argot (bei uns Jargon genannt)
arg.mil.	Argot militaire (Soldatenausdrücke)
Arko.	Artillerie-Kommandeur
Arm.	Armierung
Arm.Br.Tr.	Schwerer Armee-Brückentrain
Arm.Btl.	Armierungs-Bataillon
Ars.	Arsenal (österr.)
Arsta	Arendt-Station
Art.	Artillerie
Art.Dep.	Artillerie-Depot
Art.Det.	Artillerie-Detachement
Art.Fhr.I	Artillerie-Führer I der Reichswehr
Art.Kdr.	Artillerie-Kommandeur
Art.Flieg.Abt.	Artillerie-Fliegerabteilung
Art.Mess.S.	Artillerie Messschule Wahn
Art.W.	Artillerie-Werkstatt
A.S.	Arbeiter-Sachverständiger
Ask.	Askari
Asp.	Aspirant
Ass.	Assistent
A.S.Scheinw.	Azetylen-Sauerstoff-Scheinwerfer
Asta	Abhörstation
A.T.	Armee-Tagesbefehl
A.Tbr.	Anleitung zur Herstellung von Tiefbohrbrunnen durch Eisenbahntruppen
Atede	Württemberg. Artillerie- und Traindepot-Direktion

ATK	Autotruppenkommando (österr.)
Au (auch Aeu)	Ministerium des Aeusseren oder Auswärtige Angelegenheiten
A.U.	Anleitung zur Herstellung von Unterbau für Vollbahnen durch Eisenbahntruppen
Aud.	Auditor (österr.)
Aufkl.	Aufklärung
Ausb.B.	Ausbildung-Bataillon
Ausg.	Ausgeschieden
Ausko	Auskunfts-Offizier
Ausr.Dep.	Ausrüstungs-Depot
Ausr.Nachw.Fb.D.	Ausrüstungs-Nachweisung für ein Feldbahn-Depot
A.&S.Rat	Arbeiter- und Soldatenrat
ausschl.	Ausschließlich
aut.	Automobilisiert (österr.)
Av.	Archivverwaltung des Kriegsministeriums
A.V.	Aktenvermerk
A.V.	Armierungsvorschrift
a.v.	Arbeitsverwendungsfähig
A.V.A.	Ausbildungvorschrift für die Artillerie (Reichswehr)
AVA	Automobilversuchsabteilung (österr.)
A.V.Bl.	Armee-Verordnungs-Blatt
A.V.F.	Ausbildungsvorschrift für die Fußtruppen im Felde
A.V.J.	Ausbildungsvorschrift für die Infanterie (Reichswehr)
A.V.K.	Ausbildungsvorschrift für die Kavallerie (Reichswehr)
A.V.Ko.	Artillerie-Verbindungskommando
A.V.O.	Artillerie-Verbindungs-Offizier
A.v.P.	Artillerie-Offizier vom Platz
A.V.S.St.	Armee-Versprengten-Sammelstelle
a.W.	Auf Wartegeld
a.W.	Auf Widerruf
A.W.	Anleitung zum Bauen von Weichen durch Eisenbahntruppen
A.W.	Artillerie-Belagerungswerkstatt
Aw.	Artilleriewerkstatt
Aw D	Artilleriewerkstatt Danzig
Aw Dr	Artilleriewerkstatt Dresden
Aw L	Artilleriewerkstatt Lippstadt
Aw Sp	Artilleriewerkstatt Spandau
Aw St	Artilleriewerkstatt Strassburg i. Elsass
Aw Süd	Artilleriewerkstatt Süd Spandau
Awewa	Armee-Wetterwarte
Awumba	Inspektion der technischen Institute der Artillerie
Az.	Aufschlagzünder
Az.	Arbeitszug (Eisenbahn)
A Z	Abteilung für Ausfuhr, Einfuhr und Zurückstellung des Kriegsministeriums vom 1.5.15.-26.3.16
Az.L.	Anleitung zum Gebrauch von Öldampflampen (Azetylenlampen)
A Z S	Kriegs-Arbeitsamt beim Kriegsamt (ehemals Amt bzw. Referat für Zurück-Stellung)
A Z S c	Frauengruppe beim Department E D des Kriegsministeriums

B

B	Bataillon
B	Bestimmung
B	Verwaltungsbteilung im Württemberg. Kriegsministerium
B	Büro (österr.)
B	Benzin (in taktischen Zeichen)
B	Mindererergiebiger Brunnen (auf österr. Karten)
B	Armee-Abteilung B (auf Kfz-Kennzeichen)
b	beim
b	bayerisch
B 1	Kassenabteilung, später Kriegsverpflegungsabteilung des Kriegsministeriums
B 2	Verpflegungsabteilung des Kriegsministeriums bis 1.6.14, dann Friedensverpflegungs-Abteilung
B 3	Bekleidungsamt des Kriegsministeriums
B 4	Unterkunfts-Abteilung des Kriegsministeriums bis 1.6.14, dann Kassenabteilung
B 4a	Besoldungsabteilung des Kriegsministeriums
B 5	Übungsplatz-Abteilung des Kriegsministeriums 1.4.02-1.6.14, dann Fabriken-Abteilung 1.6.14-31.10.16
B 6	Bauabteilung des Kriegsministeriums 1.4.02-1.6.14, dann Abteilung für Volksernährungsfragen 25.4.-30.9.17
B.A.	Bespannungs-Abteilung
B.A.	Belagerungsanleitung
B.A.	Bekleidungsamt
BA	Betriebsamt einer Militär-Eisenbahn-Direktion
Bä.	Bäckerei
Bäck.	Bäckerei
Bad.	Badisch
B.A.d.E.Tr.	Betriebsanleitung der Eisenbahntruppen
B.A.G.	Bekleidungsamt Gardekorps
Bag.Kol.Tr.	Dienstanweisung für Bagagen, Munitions-Kolonnen und Trains
Bahnsch.	Bahnschutz
B.A.K.	Ballon-Abwehr-Kanone
B.a.K.	Beamter auf Kündigung
Bakt.	Bakteriologisch
Bal.	Ballon (österr.)
Balbo.	Ballon-Beobachter
B.A.M.	Brieftauben-Abteilung Metz – Kampfgeschwader der OHL
B.A.O.	Brieftauben-Abteilung Ostende – Kampfgeschwader der OHL
B.A.O.	Bekleidungsamt Ostasien
Bemag (Brüssel)	Barmen-Aachener-Maschinenbau-Gesellschaft (Brüssel)
Baon.	Bataillon (österr.)
Bar.	Baron
Ba.St.Pr.	Badischer Staatspräsident
Batl.	Bataillon
Batt.	Batterie(en)
Battr.	Batterie(en)

Baustoff. Ratibor (Pirna)	Hilfsweiterleitungsstellen für Baumaterialien nach dem Südosten
Bauverw.	Bau-Verwaltung(samt)
Bay	Bayern
Bay.M.Pr.	Bayerischer Ministerpräsident
Ba Z	Ballonzug
B.B.	Berufsbeamter (österr.)
B.B.	Bayerischer Beauftragter beim Kriegsministerium
B.B.	(Kriegsamt Berlin) Bayerischer Beauftragter beim Preußischen Kriegsamt
B.B.	Backbord
B.B.A.	Bekleidung-Beschaffungs-Amt
Bba.	Bahnbeauftrager des Feldeisenbahnchefs beim A.O.K. oder der Etappen
B.B.D.	Bulgarische Betriebs-Direktion Ueskküb
Bbg	Befehlshaber Baltische Gewässer seit 2.6.18
Bbv.	Bahnbevollmächtigter bei der Linienkommandantur
B.D.	Armee-Verwaltung-Departement des Kriegsministeriums
B D	Abwicklungsreferat des Kriegsministeriums für Kriegsschäden und Kriegsleistungen
B.D.	Baudirektion
B.D.A.	Besoldungs-Dienstalter
B.D.F.	Bildmeldung der Flieger
B.d.G.	Beauftragter des G.Q.M. für die Handelsorganisation im Osten und Südosten in Berlin
B.d.G.	Beute-Beauftragter des G.Q.M. für Beute- und Sammelwesen
B.d.G.Ost.	Beauftragter des G.Q.M. für den östlichen Kriegsschauplatz
B.d.G.Pferde.	Beauftragter des G.Q.M. in Pferdeangelegenheiten
B.d.G.West.	Beauftragter des G.Q.M. für den westlichen Kriegsschauplatz
B d K	Beauftragter des Kriegsamtes
B.d.K.	Kommandeur der Bereitschaftstruppen
B.d.K.M.1.-5.	Beauftragter des Kriegsministeriums
B.d.Kr.Min.1.-5.	Beauftragter des Kriegsministeriums
B.d.L.	Befehlshaber der Marine-Luftfahrt-Abteilungen
B.d.L.	Bildmeldung der Luftschiffer
B.D.R.	Verwaltungsstelle für reichseigene Rohstoffe beim Kriegsministerium
BdU	Befehlshaber der U-Boote
Bdz.	Bedarfszug (Eisenbahn)
Beamt.St.o.F.R.	Beamtenstellvertreter ohne Feldwebelrang
Beba	Württemberg. Beratungsstelle für belgische Arbeiterangelegenheiten im Landesmuseum Stuttgart
Beflux	Befehlshaber der Truppen in Luxemburg
Beko	Betriebskommission z.B. Beko Gomel
Bekochar	Eisenbahn-Betriebskommission Charkow
Bekraft	Betriebsstoffabteilung der Inspektion der Kraftfahrtruppen
Bel.	Belagerung
ber.	Beritten
Bergb.K.	Bergbau-Kompagnie
Bernbst.	Bezirksnebenstelle
Bes.Best.z.Miltrf.	Besondere Bestimmungen zum Militärtarif
Bes.G.	Besoldungsgesetz
besp.	Bespannt

Besp.Abt.	Bespannungs-Abteilung
B.Et.Mun.Kr.Kol.	Bayerische Etappen-Munitions-Kraftfahr-Kolonne
Betr.	Betrieb
Betr.V.	Vorschrift für den Betrieb auf Vollbahnen durch Eisenbahntruppen im Kriege
Beta (β)	Schwerer Küstenmörser
Bew.	Bewachung
Bew.M.	Bewässerungsmühle (auf Karten)
Bez.A.	Bezirksamt
Bez.Am.	Bezirks-Amtmann
Bez.Kdo.	Bezirks-Kommando
B-Flugzeuge	Doppelsitziger Doppeldecker ohne Bewaffnung
B.f.K.	Bestimmungen über Verwendung und Aushebung von Kraftfahrzeugen
Bfstg.	Befestigung
B.G.	Bombergeschwader
B.G.B.	Bürgerliches Gesetzbuch
B.G.Bl.	Bundes-Gesetzblatt
B-Geschütze	Schwerste Flachfeuergeschütze mit Beton- und zerlegbarer Eisenbettung
B.H.	Bosnien-Herzegowina (österr.)
b.h.	Bosnisch-herzegowinisch (österr.)
Bh.A.	Bahnhofs-Anlagen
bh.	Flak behelfsmäßig zur Flugabwehr eingebaute Kanone
B.H.D.	Bosnien, Herzegowina, Dalmatien (österr.)
Bhf.	Bahnhof
Bhf.Kdtr.	Bahnhofs-Kommandantur
bhJgB	Bosnisch-herzegowinisches Jägerbataillon (österr.)
Bi.	Bild
B.J.A.	Bekleidung-Instandsetzungsamt
Bing.	Betriebsingenieur
Bk.	Blockstelle (Eisenbahn)
Bk.	Brücke (auf österr. Karten)
Bkl.	Bekleidung(s)
Bkl.D.	Dienstanweisung für Bekleidungsämter
Bekl.D.	Bekleidungsstelle Döberitz
Bekl.N.	Bekleidungs- und Ausrüstungs-Nachweisung
Bkl.O.	Bekleidungsordnung
B.K.M.	Bayerisches Kriegsministerium
B.Komp.	Baukompagnie (österr.)
Bktr.	Betriebskontrolleur
Bl.	Blatt
Bless.	Blessierten (österr.)
Blg.	Beilage (österr.)
Blgr.	Belagerungs (österr.)
Bli.	Blinker
B.Li.G.	Beschaffungsstelle für Lichtbildgerät
Blk.	Blinkfeuer mit Einzelblinken weiß
Blk.-Grp.	Blinkfeuer mit Gruppen weiß
Blkz.	Beute-Leichtkrankenzug mit Breitspur
Bllabw.	Ballonabwehr

Blst.	Blockstation (auf Karten)
Blz.	Beute-Lazarettzug mit Breitspur
Blz.	Blitzfeuer mit Einzelblitzen weiß
Blz.Grp.	Blitzfeuer mit Gruppen weiß
Bm.	Bahnmeister
b.m.	Brevi manu (kurzer Hand, österr.)
B.M.K.	Befehlshaber der Deutschen Marinekommandos im ehemals russischen Schwarzmeer-Gebiet
B.O.	Berufsoffizier (österr.)
B.O.	Eisenbahn-Bau- und Betriebs-Ordnung
B.O.	Beschwerde-Ordnung
Bogo.	Bodenständiger Generalstabsoffizier
Bogohl.	Bombengeschwader der Obersten Heeresleitung
Bola.	Bombenlehrabteilung Frankfurt /Oder
Bona.	Ballon-Nachrichten
Bonacho.	Bodenständiger Nachrichtenoffizier
Bosta	Bombenstaffel (Staffel der Bombengeschwader-Fliegerformation)
B.O.Wu.	Bayerischer Offizier beim Stabe des Wumba
B.P.	Prüfungsstelle für militärischen Baumwollbedarf beim Kriegsministerium
B.P.K.	Bekleidung-Prüfung-Kommission
B.R.	Baureferent im Reichswehrministerium
Br.	Brunnen (auf Karten)
Br.	Sehr ergiebiger Brunnen (auf österr. Karten)
B.P.B.	Bautenprüfstelle beim technischen Stabe des Kriegsamtes
Bre.	Bremen
Br.L.	Kriegsbrücke Lübbecke
Br.Sch.	Kriegsbrücke Schultz
Brschwg.	Braunschweig, braunschweigische(r,s)
Brft.	Brieftauben
Brig.	Brigade(n)
Brk.	Brückenkolonne
Brk.-Tr.	Brücken-Train (österr.)
Brn.	Brennerei (auf Karten)
Br.Train	Brücken-Train
B-Stelle	Beobachtungsstelle
Bt.	Batterie (österr.)
B.T.K.	Bereitschaftstruppenkommandeur (Bezeichnung des Inf.Bat.Kdrs. der 2. Kampflinie
Btl.	Bataillon(s)
Btm.	Betriebsmittel
Btr.	Betriebs
Bü I	Bücherei Gruppe Heer des Reichswehrministeriums
Bufa.	Bild- und Film-Amt
Burggr.	Burggraf
Bus.	Bücherei und Sammlung der Verwaltungs-Inspektion der Wumba
B.U.Tr.	Bahn-Unterhaltung-Trupp
B.V.	Behelfsbrücken-Vorschrift
B.V.	Besoldung-Vorschrift
Bv.	Büchereiverwaltung beim Kriegsministerium

Bva.	Bevollmächtigter Aufsichts-Offizier, im Bereich des Feldeisenbahnwesens der Schifffahrt-Gruppe Donau unterstellt
Bvg.	Bevollmächtigter Generalstabsoffizier des Feldeisenbahnchefs
Bvg.Albrecht.	Bevollmächtigter Generalstabsoffizier des Feldeisenbahnchefs bei der Heeresgruppe Herzog Albrecht von Württemberg
Bvg.Bukarest	Bevollmächtigter der Deutschen Schifffahrts-Gruppe Donau beim bevollmächtigten Generalstabsoffizier Rumänien
Bvg. Schiff bei A.O.K. Mackensen	Bevollmächtigter Generalstabsoffizier der Zentral-Transport-Leitung (Schiffsgruppe) beim A.O.K. Mackensen
Bvg.Sofia	Bevollmächtigter Generalstabsoffizier des Feldeisenbahnchefs Sogia
Bvg.Wilhelm	Bevollmächtigter Generalstabsoffizier bei der Heeresgruppe Deutscher Kronprinz
Bvs.	Bevollmächtigter Offizier der Schifffahrts-Abteilung
B.V.S.A.	Vorschrift für die Behandlung der Sanitätsausrüstung
Bw.	Bekleidungswirtschaft
B.W.	Bahnwärter (auf Karten)
B.W.E.	Besondere Witterungseinflüsse
B.Wg.	Beobachtungswagen
Bwm.	Betriebswerkmeister
Bz.	Brennzünder
b.Za.	Beim Zeugamt

C

C	Celsius
C	Armee-Abteilung C (auf Kfz-Kennzeichen)
C	Versorgungs- und Justizabteilung des Württemberg. Kriegsministeriums
C 1	Personalabteilung, dann Ersatzwesenabteilung des Kriegsministeriums vom 1.6.14-29.1.16
C 1a	I.Ersatzwesenabteilung 29.1.16-20.11.16, dann Offizier- und Unteroffizier-Ergänzungs-Abteilung
C 1b	II.Ersatzwesenabteilung 29.1.16-20.11.16, dann Kriegs-Ersatz-Amt
C 2	Pensionsabteilung des Kriegsministeriums vom 1.6.14-24.9.15
C 3	Anstellungs-Abteilung, dann Justiz-Abteilung, danach Versorgungs-Abteilung vom 1.6.14-12.7.16
C 4	Justizabteilung des Kriegsministeriums (neu)
C A	Zentral-Abteilung des Kriegsministeriums von 1851-1893
ca.	Circa
Cab.Schr.	Kabinettschreiben
Cap.	Kapelle (auf Karten)
cbm.	Kubikmeter
C D	Departement für das Invalidenwesen bis 1.10.1898, dann Versorgungs- und Justiz-Departement bis 1.6.14
C D	Ersatz-,Versorgungs- und Justiz-Departement des Kriegsministeriums 1.6.14-31.3.15, dann Versorgungs- und Justiz-Departement
C.d.A.	Charakteristik der Auslandspresse
C-Flugzeug	Doppelsitziger Doppeldecker mit Bewaffnung
Ch.	Chef
Char.	Charakter
char.	charakterisiert
Ch.d.G.St.	Chef des Generalstabes
Chef Ers.W.	Chef Ersatzwesen (österr.)
Chef-Feldeis.	Chef des Feldeisenbahnwesens
Chef F.T.W.	Chef des Feldtelegraphenwesens (österr.)
Chef Gstb.	Chef des Generalstabes (österr.)
Chef H.L.Adj.	Adjudantur des Chefs der Heeresleitung
Chefkraft	Chef des Feldkraftfahrwesens
Chem.	Chemie
Chev.Leg.	Chevauxlegers
Chev.R.	Chevauxlegers-Regiment
Ch.F.M.w.	Chef des Feldmunitionswesens
Ch.Hs.	Chausseehaus (auf Karten)
C.L.-Flugzeug	Leichtes C-Flugzeug
cm	Zentimeter
C.O.	Allerhöchste Kabinettordre

D

D.	Division
D.	Direktion, Eisenbahndirektion
D.	Durchlaucht
D	Armee-Abteilung D (auf Kfz-Kennzeichen)
D.6.89	Deckblatt vom Juni 1889
D.A.B.	Deutsches Arzeneibuch
D.A.Mdf.	Dienstanweisung zur Beurteilung der Militärdienstfähigkeit und zur Ausstellung von Zeugnissen
D.Az.D.	Dienstanweisung zur Durchführung der Militärtransporte im Mobilmachungsfalle
DB	Deutsches Besatzungsheer in Russland/Ukraine (auf Kfz-Kennzeichen)
D.B.H.K.	Dienstanweisung für Bahnhofs- und Hafenkommandanturen im Kriegsfalle
D.B.M.T.	Dienstanweisung für die Bagagen, Munitions-Kolonnen und Trains
D.Br.Tr.	Divisions-Brücken-Train
D D	Waffen-Departement des Kriegsministeriums vom 1.4.90-13.4.93 mit
D 1	Handwaffen-Abteilung
D 2	Geschütz-Abteilung
D 3	Technische Abteilung
D.E.	Druckvorschriften-Etat
Def.	Defensiv
D.G.O.	Deutsche Generalstabsoffizier bei der Regierung in Köln (Nachfolgestelle des Brückenkopf-Offiziers Köln)
Deko. Kowno	Deutsche Eisenbahn-Kommission Kowno
Delag	Deutsche Luftschifffahrt-Aktien-Gesellschaft
Delka	Deutsche Luftkriegsbeute-Ausstellung
Dem.Instr.Luft.	Demobilisierungsinstruktion für die Luftstreitkräfte
Demob.	Demobilisierung
Dep.	Depot
Dep.	Departement
Det.	Detachement
Deveroff	Deutscher Verbindungsoffizier bei der Militärmission in Konstantinopel
Dewumba.	Artillerie-Depot-Inspektion, später Depot-Inspektion des Wumba
D.F.	Dampffähre (auf Karten)
D.f.d.Delag.	Dienstanweisung für den Delegierten der freiwilligen Krankenpflege
D-Flugzeug	Einsitziger Kampf-Doppeldecker mit Bewaffnung
D.f.Gask.	Dienstanweisung für Gaskampf und Gasschutz
D.fr.K.	Dienstanweisung für die freiwillige Krankenpflege
D.F.W.	Deutsche Flugzeug-Werke
dgd.	Dringend
dgl.	Desgleichen
d.h.	Das heißt
d.i.	Das ist
d.J.	Dieses Jahres
D.J.	Depot-Inspektion
Dibiposa	Dienstbrief-Postsammelstelle (2.J.D.)
Diferna	Divisions-Fernsprechabteilung

D.J.Gr.	Deutsche Irak-Gruppe
DIN	Vom Normenausschuß der Deutschen Industrie festgelegte Formate
Dipl.	Diplom
Dir.	Direktion
Dir.B.	Direktionsbüro des Generalstabes (österr.)
Div.	Division
Div.Br.Tr.	Divisions-Brücken-Train
Divferna	Divisionsfernsprechabteilung
Divfunka	Divisionsfunkerabteiling
Div.K.K.	Divisions-Kraftwagen-Kolonne
Divkonach	Divisions-Nachrichten-Kommandeur
D.K.	Deutsche Kriegsnachrichten beim Kriegspresseamt
D K	Offiziers-Darlehenkasse im Kriegsministerium
D.K.K.	Divisions-Kraftwagen-Kolonne
D.K.K.	Deutsches Karpaten-Korps
Dkm.	Denkmal (auf österr. Karten)
D.K.W.	Deutsche Kriegswochenschau beim Kriegspresseamt
D-Lager	Demobilisierungslager
d.M.	Dieses Monats
dm	Dezimeter
D.N.V.	Deutsche Nachrichten-Verkehrs-Gesellschaft
D.O.	Dienst-Ordnung
D.O.A.	Deutsch-Ostafrika
Dob.	Deutscher Offiziersbund
Dol.Sch.	Dolmetscherschule
Dom.	Domäne (auf Karten)
D.Pi.Pa.	Divisions-Pionierpark
Dpv.	Depotverwaltung bei der Artillerie-Prüfungs-Kommission
D.R.	Dragoner-Regiment
D.R.	Dienst-Regelement (österr.)
Dr.	Doktor
D.R.A.	Deutscher Reichsanzeiger
d.R.	Der Reserve
d.R.	Des Ruhestandes (österr.)
Drag.	Dragoner
Drawa	Drachenwarte
Dreh.Br.	Drehbrücke (auf Karten)
Dr.Flugzeug	Einsitziger Dreidecker mit Bewaffnung
D.R.W.	Dampfer-Reperatur-Werkstatt im Bereich der Militär-Kanal-Direktion Brüssel
Dr.Z.	Druckereizug
D.S.R.F.S.R.	Donsche Sowjetrepublik des föderativen sozialistischen Rußlands gegr. 1918
D.St.O.	Disziplinarstrafordnung für das Heer
D.S.W.A.	Deutsch Südwestafrika
Dtsch.Fech	Vertreter des Feldeisenbahnchefs in der Ukraine
d.u.	Dienstunbrauchbar
D.u.G.O.	Dienst- und Geschäft-Ordnung
Dulag	Durchgangslager für zurückkehrende Militärpersonen und Zivilinternierte
Dv.	Druckvorschriften-Verwaltung des Kriegsministeriums
D.V.A.	Dienstvorschrift für Militär-Eisenbahn-Verkehrsämter

D.V.E.	Druckvorschriften-Etat
D.W.	Dammwärter (auf Karten)
Dw.f.Milfraprü.	Dienstanweisung für die militärischen Frachtbrief-Prüfstellen
DWM	Deutsche Waffen- u. Munitionsfabrik
D.W.P.	Divisions-Wetter-Posten
Dz.	D-Zug

E

E.	Eisenbahnabteilung des stellvertr. Generalstabes
E	Reichsministerium für Ernährung und Landwirtschaft
E	Etappe (auf österr. Kfz-Standern)
E	Auf Eisenbahnenwagen (in taktischen Zeichen)
E	Erdtelegraphiestelle (in taktischen Zeichen)
E/	(In Verbindung mit Truppenbezeichnungen) Ersatzbataillon
E.A.	Eisenbahn-Abteilung im Großen Generalstab
E.A.	Ersatz-Abteilung
E.A.	Ehrenrätlicher Ausschuß (österr.)
E.Ast	Eisen-Auslands-Stelle bei der Kriegsrohstoff-Abteilung des Kriegsministeriums
E.B.	Eisenbahn-Bataillon
E.B.	Eisenbahnbettungsgeschütz (in taktischen Zeichen)
Eb.	Eisenbahn (österr.)
Eba.	Entlassungs-Beschleunigungs-Anweisung
Eb.B.	Eisenbahn-Büro des Generalstabes (österr.)
E.Betr.Abt.	Eisenbahn-Betriebs-Abteilung
E.Betr.K.	Eisenbahn-Betriebs-Kompagnie
Eber 1,2,3,4	Ersatz-Bataillon des Eisenbahnregiments 1,2,3,4
E.B.-Geschütze	Eisenbahn-Bettungsgeschütze, schwerste Flachfeuergeschütze
E.B.K.	Eisenbahnbaukompagnie
E.B.Kol.	Eisenbahnbaukolonne
E.B.S.K.	Eisenbahn-Bau-Sonder-Kompagnie
E/B.	Theodor-Karl: 24 cm Eisenbahnbettungsgeschütz
E.D.	Ersatz-Division
E.D.	Etappen-Dienst
E.D.	Kriegs-Ersatz- und Arbeits-Departement beim Kriegsministerium
E.d.A.	Eindrücke aus der Auslandpresse (Zeitschrift des IIIb im G.H.Q., Auflage 30 Exemplare)
Edl.	Edler
E.E.	Euer Exellenz
Efeg	Eisenbahn-Feld-Gendarm
Efema.	Eisenbahn-Munitions-Anstalten
E-Flugzeug	Einsitziger Kampfeindecker mit Bewaffnung
Efka	Flieger-Kreisel-Versuchs-Abteilung
E.F.P.	Etappen-Fuhrpark (in taktischen Zeichen)
E.G.	Einführungsgesetz
Ega.	Eilgüter-Abfertigung, Eilgüterstelle
E-Geschütze	Eisenbahngeschütze, schwerstes Flachfeuer auf Eisenbahnwagen
EH	Erzherzog (österr.)
E.H.Btl.	Eisenbahn-Hilfs-Bataillon
E.H.K.	Erhaltung des Heeres in der Kriegsformation (Vorschrift)
E.H.O.	Etappen-Haupt-Ort
ehr.	Ehrenrätlich (österr.)
Ehr.V.	Ehrengerichts-Verordnung (österr.)
E.İ.	Etappen-Inspektion
Einj.Freiw.	Einjährig-Freiwilliger
Eing.best.	Eingangsbestätigung

Eingeb.	Eingeborener
eig.	Eigener
einschl.	Einschließlich
E.J.R.	Ersatz-Infanterie-Regiment
Eis.	Eisenbahn
Eis.	Stäbe und Formationen der Eisenbahntruppen (auf Kfz-Kennzeichen)
Eisfraprü.	Militärische Frachtbrief-Prüfungsstelle für die Betriebsabteilung der Eisenbahntruppen
Eispark.	Eisenbahn-Ersatz-Park
Eispegel.	Österreich-ungarischer Feldeisenbahnchef
Eisvru.	Eisenbahn-Verwaltungsrat Rumänien
E.K.	Eisernes Kreuz
E.K.K.	Etappen-Kraftwagen-Kolonne
E.K.St.	Etappen-Kraftwagen-Staffel
El.	Elektrizität
El.	Elektro (österr.)
E.L.K.	Eisenbahn-Linien-Kommando (österr.-ungar. Militär-Eisenbahn-Behörde)
E.M.	Entfernungsmesser
E.M.F.	Etappen-Munitions-Fuhrpark (in taktischen Zeichen)
Empfr.	Empfänger
Empfs.	Empfangs
engl.	Englisch
enth.	Enthalten
enth.	Enthoben
entn.	Entnommen
Entw.M.	Entwässerungs-Mühle (auf Karten)
E.O.	Regimentskommandeur oder Stabsoffizier der Eisenbahntruppen bei den A.O.K.'s (Berater in Eisenbahn-Bau-Angelegenheiten)
EOK	Etappenoberkommando (österr.)
E.R.	Eisenbahn-Regiment
E.R.	Exerzier-Regiment (alt)
E.R.	Rechtsabteilung beim Kriegs-Ersatz- und Arbeits-Departement des Kriegsamts
er.	erinnern
Erdtel.	Erdtelegraph(-ie)
Erg.	Ergänzung
Erg.O.	Ergänzungs-Ordre
erh.	Erhalten
Erl.	Erlass
erl.	erledigt
Ers.	Ersatz
Ers.E.B.	Ersatz-Bataillon des Eisenbahn-Regiments
Ers.Luftsperr.	Ersatz-Kompagnie für Luftsperr-Abteilungen
Ers.M.G.Kdeur.	Kommandeur der Ersatz-M.G.-Truppen eines Armeekorps
Erwumba.	Chefingenieur des Wumba mit Stab
E.S.	Erkennungssignal (im Signalbuch)
E-Samuel	17 cm Eisenbahngeschütz
E.S.B.	Ersatz-See-Bataillon

E.S.K.	Eisenbahn-Sonder-Kommando
Esk.	Eskadron
E.S.K.A.	Etappen-Sanitäts-Kraftwagen-Abteilung
E.S.K.Abt.	Etappen-Sanitäts-Kraftwagen-Abteilung
E.S.K.K.	Etappen-Sanitäts-Kraftwagen-Kolonne
E.Spr.V.	Sprengvorschrift für Eisenbahntruppen
E.St.	Eisenbahn-Station (auf österr. Karten)
EstW	k.u.k. Etappenstelle West
Et.	Etappe
Etabat	Etappen-Arbeitsamt
Et.B.K.	Etappen-Bäckerei-Kolonne
etc.	Etcetera (österr.)
Etede	Etappen-Telegraphen-Direktor
Etel.	Erdtelegraphie. Abhördienst der Arendt-Stationen
E.Tel.B.Tr.	Eisenbahn-Telegraphen-Bautrupp
E.Tel.D.	Vorschrift für die Etappen-Telegraphen-Direktion
Et.Fl.P.	Etappen-Flugpark
Et.Fp.K.	Etappen-Fuhrpark-Kolonne
Et.G.u.P.Amt.	Etappen-, Güter und Paket-Amt
Et.H.B.K.	Etappen-Hilfs-Bäckerei-Kolonne
E-Theodor Karl	24 cm Eisenbahngeschütz
Et.H.K.	Etappen-Hilfs-Kompagnie
Et.Insp.	Etappen-Inspektion
Etkommt.	Kommandeur der Etappen-Munitions-Kolonnen und Train
Et.Ko.M.u.T.	Kommandeur der Etappen-Munitions-Kolonnen und Train
Et.Mag.	Etappen-Magazin
Et.Mun.D.	Etappen-Munitions-Depot
Et.Mun.Kol.	Etappen-Munitions-Kolonne
Etp.	Etappe (österr.)
Et.Pf.Dep.	Etappen-Pferde-Depot
Et.Pf.Laz.	Etappen-Pferde-Lazarett
Etra.	Etappen-Transportabteilung des Feldeisenbahnchefs (West, Ost, Südost)
Et.San.Dep.	Etappen-Sanitäts-Depot
Et.San.V.Dep.	Etappen-Sanitäts-Vordepot
Et.S.Komp.	Etappen-Sammelkompagnie
E.Ue.R.	Etappen-Überwachungs-Reisende
E.U.H.	Handbuch für Unteroffiziere der Eisenbahntruppe 1918
Eur.Abt.	Europäer Abteilung
E.u.V.	Ersatz- und Versuchsstelle im Kriegsministerium Stuttgart
E.V.	Anleitung zur kriegsmäßigen Ausführung von Eisenbahnvorarbeiten
Ev.	Evidenz (österr.)
ev.	Evangelisch
e.V.	Eingetragener Verein
Ev.B.	Evidenz-Büro des österr. Generalstabes (Nachrichtenabteilung)
E.V.O.	Eisenbahn-Verkehrs-Ordnung
evtl.	Eventuell
Ew.	Edelweiß (österr.)
E W	Wirschaftsstab beim Kriegsamt
E.W.S.	Elektrizitäts-Wirstschaftsstelle Berlin
exkl.	Exklusive

Exp.	Expedit, Expediatur (österr.)
Expos.	Expositur (österr. Filiale)
Expl.	Exemplar
Ex.Pl.	Exerzier-Platz
Exz.	Exzellenz
E.Z.	Einheits-Zünder
E Z	Eisen-Zentrale bei der Kriegs-Rohstoffabteilung des Kriegsamtes
Ez.	Eilzug
Ezak	Eisenbahn-Zivilarbeiter-Kolonne
E Z Kiew	Eisenbahn-Zentralstelle Kiew

F

F.	Fahrtruppen
F.	Feld
F	Fernsprecher (auf Hinweisflaggen)
F	Feuerwerksoffizier (an Uniformen)
F.	Führer
F.	Funken-
F.	Füsilierbataillon
F.	Fahrenheit
F.	Förster (auf Karten)
F.	Reichsfinanzministerium
F	Armee-Abteilung v. Falkenhausen (auf Kfz-Kennzeichen)
F	Heeresgruppe F, am 9.7.17 gebildet, auch Yildirim genannt (auch auf Kfz-Kennzeichen)
F	Fernmündliche Rücksprache
f.	Für
f.	Femininum
F 1	Militärische Fürsorge im Reichswehrministerium
F 2	Nachrichtengruppe im Reichswehrministerium
F 3	Wirtschaftliche Fürsorge im Reichswehrministerium
F.A.	Fahr-Abteilung
F.A.	Finanzamt
F A	Fürsorge-Abteilung im Reichswehrministerium
Fabo	Fabrikationsbüro des Kriegsamts in Spandau
Fabr.	Fabrik (auf Karten)
Fach.Z.B.	Fachwissenschaftliche Zensurberatungsstelle beim Ministerium der geistlichen und Unterrichtsangelegenheiten
Fähnr.	Fähnrich
fahr.	fahrende
Fahrv.	Fahrvorschrift für die Fahrtruppen (Reichswehr)
F.A.R.	Feldartillerie-Regiment
Farb.	Farbiger
FAS	Fußartillerie-Schießschule (an Uniformen)
F.A.Z.	Frauenarbeits-Zentrale beim Kriegsamt
Faz.	Feldarbeiterzug (Eisenbahn)
F.B.	Füsilier-Bataillon
F.B.	Feldbefestigungsvorschrift (Reichswehr)
Fb.	Feldbahnen (Vorschrift)
Fb.	Feldbahn (österr.)
Fb.A.-J-W.-Eis.	Fahrbare Artillerie-Instandsetzungswerkstätte auf Eisenbahnwagen
Fb.A.-J.W.m.M.	Fahrbare Artillerie-Instandsetzungswerkstätte mit Motorzug
F-Batterien	Flaschenbatterien der Gastruppen zum Abblasen des Gases
F.B.K.	Feld-Bäckerei-Kolonne
Fbo.	Feldbahnoffizier
F.B.O.	Festungsbauoffizier
Fbr.	Fabrik (auf Karten)
Fd.	Feind
Fd.	Feld
Fdb.	Fahrdienstbüro

fdl.	Feindlich
Fe. (F.E.A.)	Flieger-Ersatz-Abteilung
Fe.Abt.	Fernsprech-Abteilung
Feba	Feldbahn-Betriebs-Abteilung
Febamt	Feldbahn-Betriebsamt
F.E.B.K.	Dienstvorschrift für Festungs-Eisenbahn-Baukompagnien
Fech.	Feldeisenbahnchef
Fech.Zstl.	Feldeisenbahnchef Zentralstelle
Fedo Zug	Fernsprech-Doppelzug
Fedra.	Felddrachen
Fedrawa.	Felddrachenwache
Feferna.	Festungs-Fernsprechabteilung
Fefunka.	Festungs-Funkerabteilung
Fegru.	Feldbahn-Betriebsgruppe
F.Eis.	Fernsprechdienst an Eisenbahnen
Feka.	Fernkampf-Artillerie
Felda.	Feld-Artillerie
Feldag.	Feld-Kraftwagen-Aktiengesellschaft
Felda-R.	Feldartillerie-Regiment
Feldb.	Feldbahn
Feldbä.	Feldbäckerei
Feldb.Betr.K.	Feldbahn-Betriebs-Kompagnie
Feldgend.	Feldgendarmerie
Feldh.	Feldheer
Feldlaz.	Feldlazarett
Feldlaz.Ger.Wagen	Gerätewagen 95 und 98 neuer Konstruktion für Feldlazarette
Feldlaz.Packw.	Packwagen 95 und 98 neuer Konstruktion für Feldlazarette
Feldluft	Feldluftschiffer
Feld M.G.Zug	Feld-Maschinengewehrzug
Feldtelchef	Chef der Feldtelepraphie
F.E.P.	Feldgerät-Ersatzpark
Feparkeins	Feldgerät-Ersatzpark des Eisenbahnregiments I in Berlin
Feparkzwei	Feldgerät-Ersatzpark des Eisenbahnregiments II in Hanau
Feparkdrei	Feldgerät-Ersatzpark des Eisenbahnregiments III in Hanau
Feparkvier	Feldgerät-Ersatzpark des Eisenbahnregiments IV in Berlin
Fern.	Fernsprecher
Ferna.	Fernsprech-Abteilung
Fernerin.	Inspektion der Fernsprech-Ersatz-Abteilungen
Fernk.Gr.	Fernkampfgruppe der Artillerie
Fern.V.D.	Fernsprech-Vordepot
Fest.	Festungs
Fest.E.Betr.K.	Festungs-Eisenbahn-Betriebs-Kompagnie
Fest.E.B.K.	Festungs-Eisenbahn-Baukompagnie
Fest.Feldb.Betr.K.	Festungs-Feldbahn-Betriebskompagnie
Fest.Feldb.Betr.Abt.	Festungs-Feldbahn-Betriebsabteilung
Festferna.	Festungsfernsprechabteilung
Festfunka.	Festungsfunkerabteilung
Fest.M.	Festungsgouvernement Metz (auf Kfz-Kennzeichen)

Fest.M.G.Abt.	Festungs-Maschinengewehrabteilung
Fest.M.G.Komp.	Festungs-Maschinengewehrkompagnie
Fest.M.G.Tr.	Festungs-Maschinengewehrtrupp
Fest.M.G.Zug	Festungs-Maschinengewehrzug
Fest.Pi.Abt.	Festungs-Pionierabteilung
Fest.Schw.Zug	Festungs-Scheinwerferzug
Fest.Str.	Festungsgouvernement Strasburg (auf Kfz-Kennzeichen)
Fetwa	Luftangriffe auf England
Feulak.	Feuerleitungsstelle der Flak
F.E.W.	Feldeisenbahnwesen (österr.)
Fewe.	Feldwetter
Fewesta.	Feldwetterstation
Fewewa.	Feldwetterwarte
Fezug.	Fernsprechzug
ff.	Und folgende
F.Fl.Abt.	Feld-Flieger-Abteilung
F.f.K.	Friedensbauentwürfe für Kriegsbahnen
Fhrp.	Fuhrpark
Fgd.O.	Feldgendarmerie-Ordnung
F.H.	Feldhaubitze
Fhnr.	Fähnrich (österr.)
Fhr.	Fähnrich (österr.)
Fhr.	Führer
F.H.W.	Flughauptwache
F.J. 1-9	Festungs-Inspektion 1-9
F.J.B.	Feldjägerbataillon (österr.)
fig.	Figürlich
F.J.I	Kaiser Franz Joseph I. von Österreich
Fjkr.	Fahnenjunker
Fil.	Filial (österr.)
F.K.	Feldkanone
Fka.	Feldkartenausgabe
F.Komp.	Feld-Kompagnie
F.K.P.	Festungs-Kraftwagen-Park
Fl.	Flieger
Fl.	Luftstreitkräfte (Fliegerformationen) zur Verfügung der O.H.L. (auf Kfz-Kennzeichen)
Fl.	Fluss (auf Karten)
F.L.A.	Feldluftschiffer-Abteilung
Fla.B.	Flaggenbuch der Kriegsmarine
Fl.Abt.	Flieger-Abteilung
Fl.Abt.(A)	Fliegerabteilung für Artillerieverwendung
Fl.Abt.(v)	Fliegerabteilung die auf 9 Flugzeuge verstärkt ist
Flageregt	Flakersatzregiment
Fl.A.K.	Flugabwehrkanone
Flak	Flugabwehrkanone
Flak-Battr.	Flugabwehrkanonen-Batterie (7,7cm und 7,68cm pferdebespannt)
Flak.Ers.Rgt.	Flugabwehrkanonen-Ersatzregiment
Flakgruko	Flugabwehrkanonen-Gruppen-Kommandeur
Flako.Zug	Flugabwehrkanonenzug (7,7cm pferdebespannt)

Flakschein	Kommando der Flugabwehrkanonen-Scheinwerfer-Ersatz-Truppen Hannover
Flakschule	Flugabwehrkanonenschule
Flamga.	Fliegerabwehr-Maschinengewehr-Abteilung
Flam.G.Abt.	Fliegerabwehr-Maschinengewehr-Abteilung
Flamw.	Flammenwerfer
Fl.B.	Flieger-Bataillon
Fldw.	Feldwebel
Fleisch K.K.	Fleisch-Kraftwagen-Kolonne
Fl.F.	Fliegende Fähre (auf Karten)
Fli.	Flieger
Fli.-Abt.A.	Fliegerabteilung für Artilleriebeobachtung
Fliak	Flieger-Ausbildungskommando
Flieger Abt. „Pascha“	Fliegerabteilung der Heeresgruppe F in Palästina
Fliegerfraprü.	Militärische Frachtbrief-Prüfstelle für die Inspektion der Fliegertruppen
Fliegermäuse	Kleinkalibrige Handgranaten
Fliena.	Flieger-Nachrichtenstelle
Flietrans	Flieger-Transportabteilung der Inspektion der Fliegertruppen
Flievo.	Flieger-Verbindungsoffizier
Fliewa.	Flieger-Wachtkommando des Großen Hauptquartiers (Kampf-Einsitzer-Staffel)
Flivo.	Flieger-Verbindungsoffizier
Fl.S.B.O.	Flaggen-, Salut- und Besucherordnung (Marine)
Flmg.	Flugzeugmeisterei
Fl.P.	Flugpark
Fl.Pl.	Feuerwerks-Laboratorium Plaue
Fl.Sb.	Feuerwerks-Laboratorium Siegburg
Fl.Sp.	Feuerwerks-Laboratorium Spandau
Flugm.	Flugzeugmeisterei
Flugz.	Flugzeug
Flum.	Flugmelde
Flu.M.A.	Flugmeldeabteilung
Fluna.	Flug-Nachrichten-Stelle
Fl.V.	Vorschrift für den Gebrauch der Signalflaggen (alt)
Flwf.	Flammenwerfer (österr.)
Flz.	Flugzeugmeisterei
F.M.	Feldmarschall (österr.)
F.M.	Fockmast (im Flaggenbuch)
F.Mag.D.O.	Feld-Magazin-Dienstordnung
F.M.Ch.	Feldmunitionschef
F.M.L.	Feldmarschall-Leutenant (österr.)
Fmlt	Feldmarschall-Leutenant (österr.)
F.M.W.	Felsmunitionswesen
F.O.	Felddienstordnung (alt)
F.O.	Forstoffizier
Form.	Formation(en)
Fort.	Fortifikation
Fortif.	Fortifikation

F.P.L.St.	Feldpost-Leitstelle
Fp.	Fuhrpark
FP	Armeeflugpark (an Uniformen)
F.P.A.	Feldpost-Amt (österr.)
Fp.D.O.	Feldpost-Dienstordnung
F.Pi.D.	Feldpionierdienst aller Waffen
Fp.K.	Fuhrpark-Kolonne
F.R.	Füsilier-Regiment
FR	freiwillig
Fr.Bes.V.	Friedens-Besoldung-Vorschrift
Frcs.	Franke
Freg.	Fregatten
Frhr.	Freiherr
Frideis.	Kommissar des Feldeisenbahnchefs für Demobilisierung und vorbereitende Arbeiten für den Frieden
Friko.	Friedensvertrags-Kommission
Fr.Mebau.	Front-Militäreisenbahnbetriebsabteilung
Front Wewa.	Front-Wetterwarte
Frowewa.	Front-Wetterwarte
frtgl.	Frontdiensttauglich (österr.)
fruntgl.	Frontdienstuntauglich (österr.)
F.R.V.	Feldröntgenwagen-Vorschrift
frz.	Französisch
Fs.	Festungs (österr.)
Fs.A.D.	Festungs-Artillerie-Direktion (österr.)
F.Sch.	Feuerschiff
F.S.Ch.	Feldsanitätschef
F.Sch.A.	Feldschlächterei-Abteilung
F.S.O.	Friedenssanitätsordnung
Fsp.Ltg.	Fernsprechleitung
Fst. L.	Fürstentum Lippe
Fst.R.ä.L.	Fürstentum Reuß ältere Linie
Fst.R.j.L.	Fürstentum Reuß jüngere Linie
Fst.Sch.L.	Fürstentum Schaumburg-Lippe
Fst.Schw.R.	Fürstentum Schwarzburg-Rudolstadt
Fst.Schw.S.	Fürstentum Schwarzburg-Sondershausen
Fst.W.	Fürstentum Waldeck
F.-T.	Funkentelegraph
Ft.	Furt (auf Karten)
F.T.L.	Feldtransportabteilung (österr.-ung. Militäreisenbahnbehörde Wien)
F.T.Leitung.Heimat	Inspekteur der Nachrichtentruppen, Funker und Telegraphen, Leitung Heimat
F.T.Luft	Vorschrift für den Funkverkehr der Luftschiffer
F.T.m.W.	Funkentelegraphie mit Wechselverkehr
F.T.o.W.	Funkentelegraphie ohne Wechselverkehr
F.T.W.	Feldtelegraphenwesen (österr.)
Fu.	Funker
F.u.G.	Führung und Gefecht der verbundenen Waffen (Reichswehr)
Funk.	Funkentelegraphie
Funka.	Funkerabteilung
Funka.O.H.L.	Funkerabteilung Oberste Heeresleitung

Funkeins	Funker-Ersatz-Abteilung 1
Funkfraprü.	Frachtbrief-Prüfungsstelle bei der Technischen Abteilung der Funkertruppen
Funkla.	Funkerkleinabteilung
Funkzwei	Funker-Ersatz-Abteilung 2
Füs.R.	Füsilierregiment
Fussa.	Fuß-Artillerie
Fuss.A.B.	Fußartillerie-Bataillon
Fussa.-R.	Fußartillerie-Regiment
Fussart.R.	Exerzier-Reglement für die Fußartillerie (alt)
Fussa.S.S.	Fußartillerie-Schießschule
F.V.	Feldbefestigungs-Vorschrift (alt)
F.V.	Fahrdienstvorschriften
F.V.	Feldvermittelungsstelle
F.V.B.	Funkspruchverkehrsbuch (bei Luftschiffen)
F.V.T.	Feld-Verpflegungs-Tabellen
F.V.V.	Fiedens-Verpflegungs-Vorschrift
F.W.	Feldwache
Fwk.	Feuerverkehr
Fz.	Feldzeugmeisterei
Fz.B.	Beschaffungsinspektion der Feldzeugmeisterei
F.Z.M.	Feldzeugmeisterei (österr.)
Fz.Z.	Zentralabteilung der Feldzeugmeisterei

G

G.	Garde
G.	Grenadierkompagnie
G.	General (österr.)
G.	Gut (auf Karten)
G	Gas (in taktischen Zeichen)
G	Geologengruppe (in taktischen Zeichen)
G	Gouverneur
G	Armee-Abteilung Gaede (auf Kfz-Kennzeichen)
g.	Geologische Beratungsstelle (in taktischen Zeichen)
g.	Geheim
G.A.	Generalarzt
GA	Gebirgsartillerie (an Uniformen)
Ga.	Güterabfertigung
G.A.f.D.Bbv.	Geschäftsanweisung für den Bahnbevollmächtigten in Militärangelegenheiten
G.A.J.	Generalartillerie-Inspektion (österr.)
Gareiwol	Garantiert reine Wolle (in Militärtuch)
Garn.	Garnison
Garn.Kdo.	Garnisonskommando
G.A.St.	Geologische Auskunftsstelle
Gb.	Gebirge (auf Karten)
G.Blink 16	Großes Blinkgerät 16 bei der Nachrichtentruppe
G.B.L.O.	General-Betriebsleitung des Ostens, Organ des Ministers der öffentlichen Arbeiten
G.B.L.W.	General-Betriebsleitung des Westens, Organ des Ministers der öffentlichen Arbeiten
G.D.	General-Direktion
G.d.A.	Gazette des Ardennes, französischsprachige Zeitung der GHQ
G.d.J.	General der Infanterie (österr.)
G.d.K.	General der Kavallerie (österr.)
G.d.Pi.	General der Pioniere
G.D.R.	Garde-Dragoner-Regiment
Gd.Res.Pi.Rgt.	Garde-Reserve-Pionier-Regiment
G.D.V.	Garnisondienst-Vorschrift
Geb.	Gebirge
geb.	geboren
Gebferna	Gebirgs-Fernsprechabteilung
Gebfunka	Gebirgs-Funkerabteilung
Geb.K.	Gebirgs-Kanone
Geb.M.G.	Gebirgs-Maschinengewehr-Abteilung
Gef.	Gefangener
Gefelek	Geschäftsstelle für Elektrizitäts-Verwertung Berlin
Geferna	Fernsprechabteilung bei einem Gruppen- oder Generalkommando
Gefr.	Gefreiter
Gefunka	Funkerabteilung bei einem Gruppen- oder Generalkommando
geh.	Geheim
Geha	Generaldirektion der Werkstätten
G.E.J.	General-Inspektion des Etappen- und Eisenbahnwesens

Gekofern.	Gruppenfernsprech-Kommandeur
Gekofunk	Gruppenfunker-Kommandeur
Gekofusta.	Gruppenfunkenstation gemischt
Gen.	General
Geneis	General der Eisenbahntruppen
Genes.	Genesender
Gen.Gouv.	General Gouvernement
Gen.Jnsp.d.Pion.	Generalinspektion des Ingenieur- und Pionierkorps und der Festungen
Gen.Jnt.	Generalintendant
Genkdo.	Generalkommando
Gen.Lt.	Generalleutnant
Gen.Maj.	Generalmajor
Gen.Qu.M.	Generalquartiermeister
Genst.	Generalstab
Genstab	Generalstab
Genstb.d.A.	Generalstab der Armee
Gentel.	General der Telegraphentruppen
Gen.v.Jng.u.Pi.K.	General vom Ingenieur- und Pionierkorps im großen Hauptquartier
Genz.	Genesenenzug (Eisenbahn
Gepa	Gepäckabfertigung
Ger.	Gericht
GER	Gerät (in taktischen Zeichen)
Ger.D.I.	Geräte-Depot I (Artillerie-Gerät)
Ger.D.II	Geräte-Depot II (Traingerät)
Gesch.	Geschütz
Geschäftseint.	Geschäftseinteilung
Geschw.	Geschwader
gest.	gestorben
Gew.	Gewehr
Gew.Gran.	Gewehrgranate
Gf.	Graf
Gf.	Geschoßfabrik
G.F.A.	Bayerische Gewehrfabrik (Augsburg)
G.-Flugzeug	Groß-Flugzeug, Doppeldecker mit 2 Motoren und Bewaffnung
GFM	Generalfeldmarschall
G.F.R.	Garde-Füsilier-Regiment
Gf. Sb.	Geschoßfabrik Siegburg
Gf. Sp.	Geschoßfabrik Spandau
Gfuk.	Großes Funkergerät bei einem Funkerzug für Infanterie oder Artillerie bei den Divisions-Funker-Abteilungen
GG	General Gouvernement Belgien (auf Kfz-Kennzeichen)
G.G.	General Gouvernement
Gg.	Geschützgießerei
G.G.J.	Generalgenie-Inspektor (österr.)
G.G.O.	Gemeinsame Geschäftsordnung
G.Gr.R.	Garde-Grenadier-Regiment
G.G.W.	General Gouvernement Warschau (auf Kfz-Kennzeichen)
Gh.R.	Geheimrat (österr.)

G.H.R.	Garde-Husaren-Regiment
G.H.Q.	Großes Hauptquartier
GHQ	Großes Hauptquartier (auf Kfz-Kennzeichen)
Ghzt. Ba.	Großherzogtum Baden
Ghzt. H.	Großherzogtum Hessen
Ghzt. M.Sch.	Großherzogtum Mecklenburg-Schwerin
Ghzt. M.Str.	Großherzogtum Mecklenburg-Strelitz
Ghzt. O.	Großherzogtum Oldenburg
Ghzt. S.	Großherzogtum Sachsen-Weimar
G.J.	General-Inspektion
G.J.	General-Inspektor (österr.)
G.J.d.M.V.	Generalinspektion des Militär-Verkehrswesens
Gie.	Genie (österr.)
Giesta.	Geniestab (österr.)
G.K.	Garde-Korps
Gk.	Güterkasse
G.K.	General-Kommando mit vorgesetzter Nummer z.B. 2.G.K. (österr.)
G.K.	Generalkarte (österr.)
G.K.J.	Generalkavallerie-Inspektor (österr.)
G.K.K.	Geheime Kriegs-Kanzlei der Kriegsministeriums
G.K.Wagen	Geisteskrankenwagen
G.K.R.	Garde-Kürassier-Regiment
Glawkosapar	Oberbefehlshaber der russischen Westarmee
G.L.	Großherzogs-Leibkompagnie
G.L.	Generalleutnant
G.L.-Flugzeug	Leichtes G-Flugzeug
G.Lkz.	Mit besonderer Erlaubnis aus Güterwagen zusammengestellter Behelfsleichtkrankenzug der Etappeninspektion
gl.l.M.W.	Glatter (nicht gezogener) leichter Minenwerfer
gl.m.M.W.	Glatter (nicht gezogener) mittlerer Minenwerfer
G.M.	Generalmajor
G.M.	Großmast (im Flaggenbuch)
G.m.b.H.	Gesellschaft mit beschränkter Haftung
G.M.G.A.	Garde-Maschinengewehr-Abteilung
gms.	Gemeinsam
G.O.	Generaloberst
G.O.A.	Generaloberarzt
Gouv.	Gouvernement
Gouver.	Gouverneur
G.O.V.	Generaloberveterinär
G.O.St.A.	Generaloberstabsarzt
G.P.B.	Garde-Pionier-Bataillon
G.P.K.	Gewehrprüfungs-Kommission
Gp.Kw.	Gepanzerter Kraftwagen
G.Qu.	Generalquartiermeister im Reichswehrministerium
G.R.	Gegen Rückschluß (österr.)
Gr.	Granate
Gr.	Graf
Gr.	Groß (auf Karten)
Gr.	Gruppe

Gr. Armee-Abteilung Gronau (auf Kfz-Kennzeichen)

Gren.R. Grenadier-Regiment

Grepola Grenzpolizeiamt in Ostpreußen 1918/19

Gr.Fl.W. Großer Flammenwerfer

Gr.H.Qu. Großes Hauptquartier

G.R.J. General-Remontierungs-Inspektor (österr.)

G.R.K. Garde-Reserve-Korps

Gr.Kdo. Gruppenkommando

Gr.R. Grenadier-Regiment

G.R.R. Garde-Reiter-Regiment

G.R.z.F. Garderegiment zu Fuß

G.R.z.Pf. Garderegiment zu Pferd

Gru. Gruppe

Grubia. Gruppenbild-Abteilung

Grubist. Gruppenbild-Stelle

Grufahr Führer der Fahrtruppen der Reichswehr

Gru.Fl. Gruppenführer der Flieger

Grufl. Gruppenführer der Flieger

Grufl.F.L. Gruppenkommandeur der Fernlenk-Luftschiffe bei der Marine

Grufl.Küst. Gruppenkommandeur der Küstenflieger

Grufl.Land. Gruppenkommandeur der Marinelandflieger

Grufl.See. Gruppenkommandeur der Seeflieger

Gruja. Führer der Jagdgruppe der Flieger

Grukdo. Gruppenkommando

Gruko. Gruppenkommandeur

Grufusta. Gruppen-Funkenstelle

Gruso. Gruppen-Sammel-Offizier

Grwf. Granatwerfer

Grz.J.B. Grenzjäger Bataillon (österr.)

G.S. Preußische Gesetzsammlung

G.Sch.B. Garde-Schützen-Bataillon

G.S.O. Geschütz-Offizier

G.S.U. Geschütz-Unteroffizier

G.St.A. Generalstabsarzt

Gstb. Generalstab

G.S.W. Granatenschnellwerfer (österr.)

G.S.W.G. Granatenschnellwerfer Bauart Gergacsevics (österr.)

G.S.W.R. Granatenschnellwerfer Bauart Rodek (österr.)

G.Tr.A. Garde-Trainabteilung

G.Tr.E.A. Garde-Train-Ersatzabteilung

G.Tr.J. Garde-Train-Inspektion (österr.)

Gtt.Br. Gitterbrücke (auf Karten)

G.U. Gardeulanen

G.U.R. Garde-Ulanen-Regiment

Güt.Dep. Güter-Depot

G.V. Generalveterinär

g.v. Garnisiondienstverwendungsfähig

G.v.d.A. General von der Artillerie

G.W.	Generaldirektion der Militär-Witwen-Pensionsanstalt
G.Wagen	Güterwagen
Gwf.	Gewehrfabrik
Gwf. D	Gewehrfabrik Danzig
Gwf. E	Gewehrfabrik Erfurt
Gwf. Sp.	Gewehrfabrik Spandau
Gz.	Güterzug

H

H.	Hauptmann
H.	Hoheit
H.	Haubitze (auch in taktischen Zeichen)
H.	Handelsstelle der Heeresgruppe Linsingen
H.	Honved (ungar.)
H	Hafer (Schiff o. Zug) (in taktischen Zeichen)
H.	Haus (auf Karten)
H.	Hütte (auf Karten)
H.	Kleine Höhle (auf österr. Karten)
h.	Uhr (österr.)
H 1 (Abw)	Haushaltabteilung beim Heeresabwicklungsamt Preußen
H 2 (Abw)	Personalabteilung B beim Heeresabwicklungsamt Preußen
H 3 (Abw)	Personalabteilung M beim Heeresabwicklungsamt Preußen
Ha.	Hamburg
ha.	Hektar
H.A.B.	Heeresabwicklungsamt Bayern
H.Abs.	Heeres-Absendestellen
Hadeka	Hauptmann der Kraftfahrtruppen
Haf.A.	Hafenamt der Militär-Kanal-Direktion Brüssel
H.A.H.A.	Heeresabwicklungs-Hauptamt
H.A.Heer.	Hauptabteilung Gruppe Heer des Reichswehrministeriums
Hand.W.	Handwaffen-Depot
Hann.	Hannover, hannoversche(r,s)
H.A.Pr.	Heeresabwicklungsamt Preußen
H.A.S.	Heeresabwicklungsamt Sachsen
Hasametz	Versandstelle des Hauptgasschutzlagers München
Hasande Berlin	Hauptsanitätsdepot Berlin
Haub.	Haubitze
H.A.W.	Heeresabwicklungsamt Württemberg
Hawewa	Hauptwetterwarte
Hawewa Heim.	Hauptwetterwarte in der Heimat Jüterbog
Hb.	Hauptbüro der Kriegsministeriums u. Reichswehrministeriums
Hb.	Haubitze (österr.)
H.B.A.Stellung	Hunding-Brunhild-Stellung und Argonnen-Riegel
H.Bhn.	Heeresbahn (österr.)
H.B.K.	Heerespolizeiliche Bestimmungen für den Kraftwagenverkehr
H.B.K.(H.)	Heerespolizeiliche Bestimmungen für den Kraftwagenverkehr im Heimatgebiet
H.b.St.	Hauptmann beim Stabe
H.Btm.	Heeres-Botenmeisterei
Hd.	Handelsministerium
H.D. (Abw)	Haushalts- u. Personaldepartement beim Heeresabwicklungsamt Preußen
H.d.K.	Hauptmann der Kraftfahrtruppen beim Oberkommando in den Marken
H.d.K.	Hauptmann der Kraftfahrtruppen beim stellvertr. Generalkommando
H.d.K.z.b.V.	Hauptmann der Kraftfahrtruppen zur besonderen Verwendung

HDv.	Heeresdruckvorschrift und Heeresdruckvorschriften-Verwaltung
He.	Hessen
Hea. (Braunschweig)	Ausgleichsstelle für Heereslieferungen zwischen Auftraggebern und braunschweig. Firmen
Heeresferna	Heeresgruppen-Fernsprechabteilung
Heim.	Heimat
Heimat.	Heimat-Seekriegsleitung
hess.	hessisch
Hewewa	Heimatwetterwarte
H.F.K.	Heeresfront-Kommando (österr.)
H.Friko.	Heeresfriedenskommission
Hgh.	Hegerhaus (auf österr. Karten)
H.G.K.	Heeresgruppen-Kommando (österr.)
H.Gr./Hgr.	Heeresgruppe
Hgr.F.	Heeresgruppe F für die Türkei
H.Gran.	Handgranate
H.Gr.Kdo.	Heeresgruppenkommando
H.G.S.	Heeresgasschule
H.H.	Hochspannungs-Hindernis
H.H.	Herrenhaus (auf österr. Karten)
Hh.	Heizhaus
H J I-III	Heeres-Justitiare
HID	Honvéd-Infanteriedivision
Hilflazz.	Hilfslazarettzug
Hilfsz.	Hilfszug
H.K.	Hauptkasse
H.K.	Hartmannsweiler Kopf
H.K.K.	Höherer Kavalerie-Kommandeur
H.K.K.	Heimat-Kraftwagen-Kolonne
H.K.K.	Heereskleiderkasse
H.K.P.	Hilfskraftwagen-Park
Hkz.	Hilfskrankenzug (aus Personenwagen zusammengestellter Behelfs-Leichtkrankenzug für Verkehr zwischen Lazaretten des Heimatgebietes)
H.L.	Heeresleitung des Reichswehrministeriums
H.L.	Herbstlese, geplanter Angriff 1917 auf die Höhenstellung Chemin des Dames
hl.	Hektoliter
Hlz.	Hilfslazarettzug
H.Lz.Z.	Hilfslazarettzug
H.M.A.	Hauptmeldeamt
H.Mag.	Hauptmagazin
H.Mg.	Handmaschinengewehr (österr.)
H.Mv.	Heeres-Materialien-Verwaltung
H.N.O.	Hilfs-Nachrichtenoffizier
H.N.S.	Hauptnachschubstelle
H.O.	Heeres-Ordnung (Vorschrift)
H.O.	Hochofen (auf Karten)
Hochpegel.	Der österr. Chef des Generalstabes des Feldheeres
H-Offizier	Hindernis-Offizier zur techn. Überwachung von Starkstromhindernissen
Hollsa.	Holland-Sammelstelle für Überprüfung der Eisenbahnwagen, die durch Holland zu leiten waren, auf hollandfähigen Zustand in Geldern u. Rheindahlen

Hollvertei.	Holland-Verteilungsstelle in Herbestal für die über Holland geleiteten Güter
Holzf.K.	Holzfäller-Kompagnie
Honv.	Honved (ungar.)
Hp.	Haltepunkt (auf Karten)
H.Park.	Heerespark
Hpt.	Haupt
Hptm.	Hauptmann
Hptm.d.E.	Hauptmann im Verhältnis der Evidenz der k.k. Landwehr (österr.)
H.Qu.	Hauptquartier
H.R.	Husaren-Regiment
Hs.	Haus (auf Karten)
H.St.	Hafenüberwachungsstelle Libau
Hst. B	Freie und Hansestadt Bremen
Hst. H.	Freie und Hansestadt Hamburg
Hst. L.	Freie und Hansestadt Lübeck
HU.R.	Husaren-Regiment
Hus.	Husaren
H.u.S.	Flieger-Hallenbau und Sägewerk in Alt-Auz
H.V.	Holzverwertungsstelle
HVA	Hauptversorgungsamt
H.V.Pl.	Haupt-Verbandsplatz
H.W.	Hilfswerkstatt
H.W.	Hauptwechselstube
Hw.	Hauptwagenamt
H.W.L.	Haupt-Widerstands-Linie
H.W.St.	Hilfsweiterleitungsstelle
Hzt. A.	Herzogtum Anhalt
Hzt. Br.	Herzogtum Braunschweig
Hzt. S.A.	Herzogtum Sachsen-Altenburg
Hzt. S.C.G.	Herzogtum Sachsen-Coburg-Gotha
Hzt. S.M.	Herzogtum Sachsen-Meiningen
H-Zug	Zug mit Haubitz-Munition

I/J

J.	Infanterie
J.	Jäger
J	Ministerium des Inneren
i.	In, im
J 1-7	Justitiare im Kriegsministerium (alt)
i.A.	Im Auftrage
Jäg.	Jäger
Jäg.B.	Jäger-Bataillon
Jäg.K.K.	Jäger-Kraftwagen-Kolonne
Jäg.R.z.Pf.	Jägerregiment zu Pferde
J.A.M.	Jahrbücher für Armee und Marine
Jasta.	Jagdstaffel der Flieger
J.B.	Infanterie-Bataillon
J.B.	Infanterie-Ballon
Jbo.	Infanterie-Beobachter
J.Br.	Infanterie-Brigade
I.D.	Ihre Durchlaucht
J.D.	Infanterie-Division
Jdam 1 u. 2	Inspektion des Artillerie-Messwesens West u. Ost
J.D.E./Ide	Inspektion des Eisenbahnwesens
Jdegahei.	Inspektion des Gasschutzdienstes für das Heimatgebiet
Jdeis.	Inspektion des Eisenbahntruppen
Jdeisersatz.	Inspektion des Eisenbahn-Ersatzbataillone
i.d.Ev.	In der Evidenz (österr.)
Jdflieg.	Inspektion der Fliegertruppen seit Sommer 1918
Jdflug	Inspektion des Flugzeugwesens
Jdkraft.	Inspektion der Kraftfahrtruppen
Jdlicht.	Inspektion des Lichtbildwesens
Jdluft.	Inspektion der Luftschiffertruppen
i.d.Res.	In der Reserve
Jfern.	Inspektion der Fernsprechtruppen
Jfl.	Infanterie-Flieger
Iflak	Inspektion der Flugabwehrkanonen
Jflakheim.	Inspektion der Flugabwehrkanonen im Heimatgebiet
Jflakop.	Inspektion der Flugabwehrkanonen im Operationsgebiet
J-Flugzeug	Infanterie-Flugzeug Junkersflugzeug, Doppelsitzer, gepanzerter Doppeldecker
Jfunk.	Inspektion der Funkertruppen
J.G.	Infanterie-Geschütz
IG	Infanterie-Geschütz-Batterie (an Uniformen)
J.G.B.	Infanterie-Geschütz-Bataillon
Jgd.Geschw.	Jagdgeschwader
J.H.	Jägerhaus, Forsthaus (auf österr. Karten)
J.J. 1-4	Ingenieur-Inspektion 1-4
i.J.	Im Jahre
J.K.	Ingenieur-Komitee
J.K. Abt.1	Ingenieur-Komitee Zentralabteilung

J.K. Abt.2	Ingenieur-Komitee Befestigungsabteilung
J.K. Abt.3	Ingenieur-Komitee elektrotechnische Abteilung
J.K. Abt.4	Ingenieur-Komitee Pioniergeräteabteilung
J.K.Vwa.	Ingenieur-Komitee Verwaltungsabteilung
Jka.	Infanteriebekämpfungsabteilung
Jkadeeins	Immobiles Kraftwagen-Depot 1
Jkadeacht	Immobiles Kraftwagen-Depot 8 Berlin-Schöneberg
Jkadevierzehn	Immobiles Kraftwagen-Hilfsdepot 14 Berlin-Oberschöneweide
Jkadesechzehn	Immobiles Kraftwagen-Hilfsdepot 16 Berlin-Marienfelde
Jkahadeeins	Immobiles Kraftwagen-Hilfsdepot 1
J.Kb.	Infanterie-Konstruktionsbüro
J.K.D.	Immobiles Kraftwagendepot (auch auf Kfz-Kennzeichen)
I.K.D.	Ihre königliche (kaiserliche) Durchlaucht
I.K.H.	Ihre königliche (kaiserliche) Hoheit
J.K.H.D.	Immobiles Kraftwagen-Hilfsdepot
J.K.K.	Immobile Kraftwagen-Kolonne
I.K.M.	Ihre kaiserliche Majestät
Jko.	Ingenieur-Komitee
Jkofest.	Ingenieur-Komitee, Festungsabteilung
Jkofraprü	Militärische Frachtbrief-Prüfstelle für das Ingenieur-Komitee
Jkona.	Ingenieur-Komitee Nahkampfmittelabteilung
Jkopi	Ingenieur-Komitee Pionierabteilung
Jkotech	Ingenieur-Komitee Elektrotechnische Abteilung
Jkover.	Ingenieur-Komitee Verwaltungsabteilung
Jkozet	Ingenieur-Komitee Zentralabteilung
Jkraft.	Inspektion des Kraftfahrwesens
Jluft.	Inspektion der Luftschiffertruppen
Jluk	Inspektion für Luft- u. Kraftfahrwesen
I.M.	Ihre Majestät die Kaiserin
J.M.K.	Infanterie-Munitions-Kolonne
J.M.K.K.	Interalliierte Militärkontrollkommission Berlin
imm.	immobil
impr.	improvisiert (österr.)
Jn 1	Heeresinspektion der Waffenschulen
Jn 1-7	Inspektionen beim Reichswehrministerium darunter:
Jn 6 (J.6)	Inspektion der Verkehrstruppen beim Reichswehrministerium
Jn 6 (F) (Jn.6 (F))	Inspektion der Fahrtruppen beim Reichswehrministerium
Jn 6 (K) (J.6 (K))	Inspektion der Kraftfahrtruppen beim Reichswehrministerium
Jnach.	Inspektion der Nachrichtentruppen
Jnachera 1-2	Inspektion der Nachrichten-Ersatz-Abteilung 1 bzw. 2
Jnd.Abt.	Industrieabteilung des Wirtschaftsausschusses der Etappeninspektion
Jndegar	Inspektion der Gasregimenter
Inf.	Infanterie
Inf.Fhr.I	Infanterieführer I der Reichswehr
Jnfgeschba.	Infanterie-Geschütz-Batterie
Inform.	Information (österr.)
Inf.San.Wg.95	Infanterie-Sanitätswagen 95 neuer Konstruktion
Jnft.	Infanterie (österr.)

Jng.	Ingenieur
Ing.Kom.	Ingenieur-Komitee
Insp.	Inspektion(en)
Insp.d.M.W.	Inspizient der Minenwerfer
Inspiz.	Inspizient
Insp.M.G.Wes.	Inspektion des Maschinengewehrwesens
Inst.	Institut
Jnst.	Instandsetzungs
Int.	Intendant
Int.d.Luft.	Intendantur der Luftstreitkräfte Schöneberg
Int.d.M.V.	Indentantur des Militär-Verkehrswesens
Jndtz.	Indentanz (österr.)
Jnt.mil.Inst.	Indentantur der militärischen Institute
Jnt.Rev.A.Fl.	Internationale Revue über gesamte Armee und Flotte
Jnwet.	Inspekteur der Minenwerfer-Ersatz-Truppen
J.R.	Infanterieregiment
J.R.	Exerzierreglement der Infanterie (alt)
J.S.	Industrieller Sachverständiger
ISA	Isonzo-Armee (österr.)
Istokraft.	Immobiler Stabsoffizier der Kraftfahrtruppen
J.St.	Jagdstaffel
J.T.	Inspektion der Telegraphentruppen
Jtanach.	Inspektion der technischen Abteilungen der Nachrichtentruppen
Ju	Reichsjustizministerium
Jü.	Militär-Telegraphenstation Jüterbog 2
Just.I-III	Justiziare der Kriegsministeriums
Just.V	Justitiar V beim Kriegs-Ersatz- u. Arbeitsdepartement des Kriegsamtes
i.V.	In Vertretung
i.Verh.d.Ev.d.Ldw.	Im Verhältnis der Evidenz der Landwehr (Österr.)
J.v.Pl.	Ingeniueroffizier vom Platz
Jw.	Instandsetzungswerkstatt
J.W.G.	Inspektion für Waffen und Gerät im Reichswehrministerium
Jwumba.	Inspektion der technischen Institute der Infanterie

K

K.	Kavallerie
K.	Kompagnie
K.	Kolonne
K.	Korps
K.	Kriegs
K.	Kriegsamt beim Kriegsministerium
K.	A.O.K. Küstenverteidigung (auf Kfz-Kennzeichen)
K.	Kalte Verpflegung (auf Eisenbahntransporten)
K.	Kopframpe (auf Eisenbahnkarten)
K	Offizier der Kraftfahrtruppen (an Uniformen)
K	Der endgültige Entwurf ist nach der Zeichnung, aber vor dem Abgang, dem Behördenleiter zur Kenntnis vorzulegen
k.	Kommandiert
K.A.	Kriegsartikel
K.A.	Kriegsamt
K.A.	Kolonialamt
K A	Kohlen-Ausgleichsstelle bei der Kriegsrohstoffabteilung des Kriegsamtes
KA	Kriegsarchiv (österr.)
Ka.	Kassenstelle der Abt. IIIb des stellv. Generalstabes
Ka	Geheime Hauptkanzlei A im Kriegsministerium
K.A.1	Kriegsgeschichtliche Abteilung des Großen Generalstabes, Neuere Geschichte ab 1815
K.A.2	Kriegsgeschichtliche Abteilung des Großen Generalstabes, Alte Geschichte bis 1815
K.3; K.4	Kriegsgeschichtliche Abteilungen für die Geschichte des Weltkrieges 1919
K.A.B.	Kriegsgefangenen-Arbeiter-Bataillon
Kab	Kriegsgefangenen-Arbeiter-Bataillon
K.A.C.	Kaiserlicher Automobil-Club
Kadeka.	Kommandeur der Kampftruppen
Kagohl.	Kampfgeschwader der OHL (Flieger)
Kais.	Kaiserliche
Kaiserl.Kom.	Kaiserlicher Kommissar u. Militärinspekteur der freiwilligen Krankenpflege
Kafunka.	Kavallerie-Funkerabteilung
Kais.V.	Kaiserliche Verordnung
Kam.	Kamerun
Kam.Gest.	Kamelgestüt
Kan.	Kanone(n)
Kan.	Kanonier
Kan.	Kanal (auf Karten)
Kanalausgleich	Kanalausgleichstelle in Essen zur größtmöglichen Ausnutzung des Kahn-raumes im Industriegebiet
Kan.Betr.A.	Kanal-Betriebs-Amt
K.A.N.St.	Kriegsamtnebenstellen
K.A.P.D.	Kommunistische Arbeiterpartei Deutschlands
Kapt.	Kapitän

Kar.	Karolinen
Kar.	Karabiner
Karab.R.	Karabiner-Regiment
Karaw.	Karawane
Karp.K.	Karpaten-Korps
Kart.A.	Kartographische Abteilung der Landesaufnahme des Großen Generalstabes
Kartfraprü.	Militärische Frachtbrief-Prüfungsstelle für den stellv. Generalstab (2.Abt. Kartenverteilung)
Karto.	Kriegs-Kartoffel-Gesellschaft
Kas.	Kaserne (auf Karten)
K.A.S.	Kautschuk-Abrechnungsstelle
Kass.Wg.	Kassenwagen 05
Kastabauskunft	Auskunftsgruppe beim Stabe des Kriegsamtes
kath.	Katholisch
Kau.St.	Kautschuk-Meldestelle bei der Kriegsrohstoffabteilung des Kriegsamtes
Kav.	Kavallerie
Kav.Fu.A.	Kommandeur einer Kavallerie-Funker-Abteilung
Kav.K.K.	Kavallerie-Kraftwagen-Kolonne
Kav.M.G.Zug	Kavallerie-Maschinengewehr-Zug
Kav.Pi.Abt.	Kavallerie-Pionier-Abteilung
Kav.Schü.Div.	Kavallerie-Schützen-Division
K.B.	Königlich bayerisch
K.B.	Königreich Bayern
Kb	Geheime Zentralkanzlei B im Kriegsministerium
K.B.A.	Kriegsbekleidungsamt beim Generalstab
K.B.A.G.	Kriegsbekleidungsamt Gardekorps
K.Bes.V.	Kriegs-Besoldungsvorschrift
K.Besol.V.	Kriegs-Besoldungsvorschrift
K.Betr.A.	Kanalbetriebsamt der Militär-Kanaldirektion Brüssel
K.B.J.d.B.G.	Küsten-Bezirks-Inspekteur der Baltischen Gewässer
Kbl.	Krankenbuchlager
K.Blink.16	Kleines Blinkgerät 16
Kblg.	Kabellänge
Kbr.	Kriegsbrückenbau für Voll- u. Feldbahnen (Vorschrift)
K.Br.Eq.	Kriegsbrückenequipage (österr.)
K.Br.Tr.	Korpsbrückentrain
Kb.S.	Kriegsbeute-Sammelstelle
K.B.W.1	Korps-Beobachtungs-Warte 1
K.D.	Kavallerie-Division
K.D.	Kaiserlich Deutsche (Feldpostexpedition)
K.d.Flakean.	Kommandeur der Flugabwehrkononen-Ersatz-Abteilungen
K.d.Flakregt.	Kommandeur der Flugabwehrkononen-Ersatz-Regimenter
K.d.G.	Kommandeur der Gastruppen bei einem A.O.K.
K.d.K.	Kommandeur der Kampftruppen
K.d.K.	Kommandeur der Kraftfahrtruppen beim A.O.K.
Kdo.	Kommando
Kdo.Ballmeist.	Kommando der Ballonmeisterei
Kdo.Fea.	Kommando der Fliegerersatzabteilungen
Kdo.Feldluft.	Kommandeur der Feldluftschifferschule Berlin
Kdo.Flugm.	Kommando der Flugzeugmeisterei

Kdo.Lea.	Kommando der Luftschiffer-Ersatzabteilungen Berlin
Kdo.L.Schule	Kommando der Luftschifferschule Berlin
Kdo.L.V.A.	Kommando der Luftschiffer-Versuchsanstalt Berlin
Kdo.Lz.	Kommando Luftschiff Zeppelin
Kdo.Milgas.	Kommando der Militärgasanstalten
Kdo.N.	Kommando des Nordbezirkes
Kdo.S.	Kommando des Südbezirkes
Kdo.Schutztr.R.K.A.	Kommando der Schutztruppen im Reichskolonialamt
Kdo.Truhäg.	Kommando der Luftschifftruppe, Luftschiffhäfen und Militärgasanstalten Berlin
Kdo.Z.B.A.	Kommando Luftschiffer-Zentralbeschaffungs- und Abnahmestelle
Kdr.	Kommandeur
Kdt.D.	Kommandantur des Flugplatzes Döberitz
Kdt.J.	Kommandantur des Flugplatzes Johannistal
Kdt.	Kadett (österr.)
Kdt.	Kommandant
kdt.	Kommandiert
K.T.D.	Kavallerie-*Truppen*-Division (österr.)
Kdt.d.K.H.Qu.	Kommandant der Korps-Hauptquartiere
Kdtr.	Kommandantur
K.E.A.	Kriegs-Ernährungs-Amt
Kea.	Kraftfahr-Ersatz-Abteilung
K.E.B.	Kriegs-Eisenbahnbau (Vorschrift)
KED	Kraftfahrersatzdepot
Kek.	Kampf-Einsitzer-Kommando
K.E.O.	Kriegs-Etappen-Ordnung
Kesch.	Kampf-Einsitzer-Schule
Kest.	Kampf-Einsitzer-Staffel
K.F.	Kompagnieführer
K.F.	Kahnfähre (auf Karten)
K.F.A.C.	Kaiserlich Freiwilliges Automobil-Corps (auch auf Kfz-Kennzeichen)
K.F.A.K.	Kaiserlich Freiwilliges Automobil-Korps
K.Flak-Battr.	7.7cm Flugabwehrkononenbatterie auf Kraftwagen
K.F.M.C	Kaiserliches Freiwilliges Motorboot-Korps
K.F.M.K.	Kaiserliches Freiwilliges Motorboot-Korps
Kfuk	Kleines Funkgerät bei einem Funkerzug der Infanterie oder Artillerie
K.Fuk.16	Kleine Funkstation 16
K.G.	Kampfgeschwader (Fliegerformation)
kg.cm	Kilogrammzentimeter
Kgf.	Kriegsgefangener (österr.)
kgl.	Königlich
K.G.O.H.L.	Kampfgeschwader der OHL
Kgr.	Kiesgrube (auf Karten)
K.G.Tr.E.A.	Kommando der Garde-Train-Ersatz-Abteilungen
K.H.	Kriegshafen
K.H.	Kriegs-Hinterbliebene
K.H.	Königliche Hoheit
Khf.	Kirchhof (auf Karten)

K.J.	Kaiserjäger (österr.)
K.i.P.L.	Kanone in Panzerlafette (in taktischen Zeichen)
K.K.	Korpskommando (mit vorgesetzter Nr. z.B. III.K.K., österr.)
k.k.	Kaiserlich-königlich (nur österr.)
K.K.A.	Krieg-Kohlen-Abrechnungsstelle
K.Kf.K.	Kommando des kaiserlichen Kraftfahrkorps Berlin
K.K.K.	Kommando des kaiserlichen Kraftfahrkorps
Kl.	Klasse
kl.	Klein (auf Karten)
Kl.Bäck.Ger.Wg.	Kleiner Gerätewagen für Bäckereikolonnen
Klbhf.	Kleinbahnhof (auf Karten)
Kleif.	Kleiner Flammenwerfer
Kl.Esk.Schmiedew.	Kleiner Eskadron-Schmiedewagen
Kl.Feldlaz.San.Wg.	Kleiner Sanitätswagen für Feldlazarette
Kl.Inf.San.Wg.	Kleiner Infanterie-Sanitätswagen
K.L.G.	Gesetz über die Kriegsleistungen
K.L.G.A.V.	Verordnung betr. die Ausführung des Gesetzes über die Kriegsleistungen
Kl.Packw.m. Feldschm.	Kleiner Vorratswagen 16
Klo.	Kloster (auf Karten)
Kl.San.Komp.San. Wg.	Kleiner Sanitätswagen für Sanitätskompagnien
Klw.	Kleinwagen
K.L./30	E.B.Theodor Otto. Schwerstes Flachfeuergeschütz Kaliber 24cm
K.L./40	E.B.Kurfürst. Schwerstes Flachfeuergeschütz Kaliber 28cm
K.M.	Kriegsministerium
K.M.	Kaiserliche Marine
K.M.	Kreuzmast (im Flaggenbuch)
K.M.A.Estland	Kommandeur der Marinaanlagen in Estland
Kmd.G.i.B.H.D.	Kommandierender General in Bosnien, Herzegowina und Dalmatien (österr.)
Kmdr.Heim.Luft.	Kommandeur des Heimatluftschutzes Frankfurt/M.
K.M.K.	Kaiserliches Motorboot-Korps
K.M.-M.S.	Kriegsministerium Marinesektion (österr.)
KN	Kriegsnummer (an österr. Kfz – auf dem li. Kotflügel)
Kn.	Kanone
Knr.	Kanonier
K.M.S.	Kriegsamtnebenstellen
K.M.St.	Kriegsamtnebenstellen
K.N.St.	Kriegsnachrichtenstelle
K.O.	Krankenträger-Ordnung
K.O.	Kassenordnung für die Truppe
K.O.	Politische Kampforganisation
Ko.	Kommissar des Kriegsamtes beim Kriegsernährungsamt
K.O.	Kalkofen (auf Karten)
Kobekla.	Korps-Beleidungsamt
Kodea.	Kommandeur der Kraftfahr-Ersatz-Abteilung
Kodefea.	Kommandeur der Flieger-Ersatz-Abteilung
Kodeis.	Kommandeur der Eisenbahntruppen
Kodeis. Nord	Kommandeur der Eisenbahntruppen, Leitung der gesamten Bauarbeiten für Struwelpeter (Aufmarsch an der Südgrenze Hollands)

Kodobomb.	Kommandeur der Bombenabteilung
Kodofea.	Kommando der Flieger-Ersatz-Abteilung
Kodo. Ft.	Kommando der Funkentelegrafie
Kodoschul.	Kommando der Beobachterschulen
Kodowaf.	Kommando der Waffenabteilung
Kofl./Ko.Fl.	Kommandeur der Flieger
Koflak./Ko.Flak.	Kommandeur der Flugabwehrkanonen
KOL	Kolonne (österr.)
Koluft.	Kommandeur der Flieger und Luftschiffer
Ko.Funk.	Kommandeur der Funkertruppen
Kogenluft.	Kommandierender General der Luftstreitkräfte
K O H	Kanzleiordnung für die höheren Reichsbehörden
Koheimluft	Kommandeur des Heimatluftschutzes Frankfurt/M.
Kojastheim.	Kommandeur der Jagdstaffeln im Heimatgebiet
Kokraft.	Führer der Kraftfahrtruppen der Reichswehr
Kol.	Kolonne(n)
Kol.R.	Koloniale Rundschau
Koluft.	Kommandeur der Luftschiffertruppen
Kol.W.	Kolonialwaren-Woche
Komandarm	Russischer Armeeführer
Kom.	Komitat (österr.)
komdt.	Kommandiert
Komdtr.	Kommandantur
Kommeis.	Kommissar des Feldeisenbahnchefs in der Kriegsbetriebsleitung
Komm.G.B.L.O.	Kommissar des Feldeisenbahnchefs bei der Generalbetriebsleitung Süd Frankfurt/O.
Komp.	Kompagnie(n)
Komut./Ko.M.u.T.	Kommandeur der Munitionskolonnen und Trains
Konach.	Nachrichten-Kommandeur
Korps Gas.	Korps-Gasschutz-Speicher
Korps.K.K.	Korps-Kraftwagenkolonne
Korps.Pi.Pa.	Korps-Pionier-Park
Korv.	Korvetten
Koschefl.	Kommandeur des schwersten Flachfeuers bei der Armee
Kospoli	Konstantinopel
K.P.	Königlich Preußisch
K.P.	Kraftfahr-Park
Kp.	Krupp (bei Artilleriegerät u. Munition)
Kpl.	Korporal (österr.)
K.P.Q.	Kriegs-Presse-Quartier (österr.)
K.P.Q.Ost.	Kriegs-Presse-Quartier für Oberost
K.Pr.	Königreich Preußen
K.Pr.A.	Kriegspresseamt
Kps.	Korps
K.P.V.	Kavallerie-Pionier-Vorschrift
K.R.	Kavallerie-Regiment
K.R.	Kürassier-Regiment
K.R.	Exerzierreglement für die Kavallerie

Kr.	Kraftfahrtruppen
Kr.	Kriegs
Kr.	Kranken
Kr.	Krug (auf Karten)
Kr.A.	Kraftfahr-Abteilung
K.R.A.	Kriegs-Rohstoff-Abteilung beim Kriegsamt
Krabula	Krankenbuchlager
K.Rad.Abt.	Kraftrad-Abteilung
Krad Abt.	Kraftrad-Abteilung
Krafteins.	Ersatzabteilung 1 des Kraftfahrbataillons Berlin-Schöneberg
Kraftf.Abt.	Kraftfahrabteilung
Kraftf.Tr.i.F.	Kraftfahrtruppen im Felde
Kr.B.	Kraftfahr-Bataillon
Krf.	Kraftfahr
Krft.-Res.	Kraftwagen-Reserve (österr.)
Kr.G.	Kraftwagen-Geschütz
Kr.Gef.	Kriegsgefangener
Kr.Gl.	Kriegsgliederung
Krgsgl.	Kriegsgliederung
Kribero.	Kriegsbedarfs- u. Rohstoffstelle beim Kriegministerium
Kriegsbes.	Kriegsbesatzung
Kriegsgef.A.Btl.	Kriegsgefangenen-Arbeiter-Bataillon
Kriegskarto.	Kriegskartoffelstelle Ost
Kriladi.	Kriegslazarett-Direktor
Krileit.	Kriegsleitstelle beim Haupttelegraphenamt Berlin
Krinast Berlin	Kriegsnachrichtenstelle Gruppe Berlin
Krinop.	Nachrichtenoffizier der OHL in Berlin
Krista.	Kriegsstammrollen-Auszug
Kriweis.	Abteilung für kriegswirtschaftliche Transporte beim Chef des Feldeisenbahnwesens
Kr.Laz.	Kriegslazarett
Kr.M.	Kriegsministerieller Erlass
Kr.Min.	Kriegsministerium
Krnk.Wg.	Krankenwagen
K.R.S.	Kriegs-Rohstoff-Stelle
kr.u.	Kriegsunbrauchbar
Kr.Verm.W.	Kriegs-Vermessungs-Wesen
Kr.W.	Abteilung für kriegswirtschaftliche Transporte bei der Eisenbahnabteilung des Großen Generalstabes
Krw.	Kriegswirtschaft
Krz.	Kreuzung (auf Karten)
K.S.	Kraftfahrstelle
K.S.	Königlich Sächsisch
K.S.	Königreich Sachsen
K.San.Sp.	Korps-Sanitäts-Speicher
K.Sch.	Kaiserschützen (österr.)
K.Sch.R.	Kaiserschützen-Regiment
K.S.O.	Kriegssanitätsordnung
K.S.St.	Kriegssammelstelle
K.St.	Kraftwagenstaffel

K.St.	Kriegsamtsstellen
Kst.	Küsten- (in taktischen Zeichen)
K.St.O.H.L.	Kampfstaffel der OHL (Flieger)
K.16 (Kp)	15cm Kanone (Krupp) 16; Flachfeuergeschütz, Schußweite bis 22.8km
K.T.Befehle	Korps-Tagesbefehle
K.T.A.	Kranken-Transport-Abteilung
K.T.B.	Kriegstagebuch
K.T.K.	Kampftruppen-Kommandeur (Bezeichnung des Inf.Bat.Kdrs. der vordersten Kampflinie)
Kt.O.	Krankenträgerordnung
Ktt.Br.	Kettenbrücke (auf Karten)
K.T.Z.	Kriegstelegraphen-Zentralleitung (österr.)
K.U.	Königliches Utensil (Bezeichnung der Einrichtungsgegenstände in den Kasernen usw.)
k.u.	Königlich ungarisch
Ku.	Kultusministerium, Ministerium für Wirtschaft, Kunst und Volksbildung
k.u.k.	Kaiserlich und königlich
K.u.K.H.	Kaiserliche u. königliche Hoheit
Kür.	Kürassier
Küstas.	Küstenstaffel (Fliegerformation)
Küstmrs.	Küstenmörser
k.v.	Kriegsverwendungsfähig
K.V.	Vorschriften über Badekuren und sonstige außergewöhnliche Heilverfahren für Militärpersonen
K.V.A.	Kriegsverpflegungsanstalt
K.V.B.	Korps-Verordnungsblatt
K.v.B.	Kronprinz von Bayern (auf Kfz-Kennzeichen)
K.V.C.	Kriegsvermessungschef
K.Verm.V.	Kriegsvermessungs-Vorschrift
K.V.K.	Kriegs-Vermessungswesen
K.V.V.	Kriegsverpflegungs-Vorschrift
K.W.	Königreich Württemberg
K.W.	Königlich Württembergisch
Kw.	Kraftwagen
K.W.A.	Kriegswirtschaftsamt
K.W.A.	Kriegswirtschafts-Aktiengesellschaft (Kriegsgesellschaft)
K.W.A.	Kaiser-Wilhelm-Akademie
K.W.J.	Kaiser-Wilhelm-Institut
K.W.K.W.	Kaiser-Wilhelm-Stiftung für kriegstechnische Wissenschaft
K.W.St.	Kriegswirtschaftsstelle
K.W.Z.	Kesselwagen-Zentralstelle bei der Inspektion des Kraftfahrwesens
K.Z.	Krankenzug
kz.	Kurz
K.Z.Gr.H.Qu.	Kriegszentrale im Großen Hauptquartier
kz.Mar.K.	Kurze Marinekanone 42cm, Steilfeuergeschütz, auch Gamma-Geschütz, im Volksmund „Dicke Berta“ genannt
kz.s.Spr.M.	Kurze schwere Sprengmine, Geschoß des schweren Minenwerfers von 62.5kg Gewicht

L

L.	Leutenant
L.	Landwehr
L.	Leibkompagnie
L	Luftschiffer (an Uniformen)
L	Licht(messtrupp) (in taktischen Zeichen)
l.	Leichte(r,s)
L.A.	Landesaufnahme des Großen Generalstabes, bestehend aus Büro des Chefs, Trigonometrische Abteilung, Topographische Abteilung, Versuchssektion, Kolonialsektion und Plankammer
Lag.	Lager
Land.Hptm.	Landeshauptmann
Landvertr.	Landverteidigungstruppe
Landw.	Landwehr
Lavo.	Landwirtschafts- u. Volkswirtschaftsamt Stuttgart
Laz.	Lazarett
Lazz.	Lazarettzug
L.B.Tätigkeit	Lichtbild-Tätigkeit
L.B.	Luftschiffer-Bataillon
Lb.	Luftbild
Lb.	Vorschrift für Leibesübungen (Reichswehr)
L.B.Brüssel	Luftschiffer-Bataillon Brüssel
L.Blink 17	Luftverkehrs-Blinkgerät
L.D.	Landwehr-Division
Ld.H.W.	Landwirtschaft-Hauptwerkstatt
Ldst.	Landsturm
Ldst.E.B.K.	Landsturm-Eisenbahn-Bau-Kompagnie
Ldst.Pi.Ers.Kp.	Landsturm-Pionier-Ersatz-Kompagnie
Ldst.Pi.Kp.	Landsturm-Pionier-Kompagnie
Ldst.Pi.Park.Kp.	Landsturm-Pionier-Park-Kompagnie
Ldw.	Landwehr
Ldw.E.B.K.	Landwehr-Eisenbahn-Baukompagnie
Ldw.K.	Landwehrkorps
Ldw.Pi.K.	Landwehr-Pionier-Kompagnie
Lea.	Luftschiffer-Ersatz-Abteilung
Lebm.W.	Lebensmittelwagen
Leerz.	Leerzug
Lehrnach.	Lehranstalt der Inspektion der Nachrichtentruppen
Leisanoff.	Leitender Sanitätsoffizier bei der Militär-Mission in Konstantinopel
L.E.J.R.	Landwehr-Ersatz-Infanterie-Regiment
Leitkraft.	Leitungen des Kraftfahrwesens
Leitkraft.Milmiss. Kospoli.	Leitung des Kraftfahrwesens bei der Deutschen Militärmission in Konstantinopel
Leitkraft.Warschau	Leitung des Kraftfahrwesens in Warschau
Leuchtmittellager Hannover-Hausholz	Leuchtmittellager des Ingenieur-Komitees in Hannover-Hausholz
Lezu.	Lederzuschneidestelle Stuttgart

L.F.	Luftfahr
Lf.	Landesfuhre (bei uns „Panje“-Wagen)(österr.)
L.F.A.	Landesfinanzamt
L.F.A.	Luftfahrzeug-Abwehr (österr.)
L-	Feldkanone L29 7.7cm Kanone zum Beschießen von Luftzielen
L.Fest.Schw.Zug.	Leichter Festungs-Scheinwerfer-Zug
l.F.H.	Leichte Feldhaubitze
L-Flugueug	Dreisitziges Siemens-Schuckert G-Flugzeug, Bombenflugzeug
L.Friko.	Luftfahr-Friedenskommission
l.Fusta.	Leichte Funkenstation
L.G.	Leibgarde (österr.)
lg.	Lange(r,s)
l.G.M.M.B.	Leichte Gasmine des leichten Minenwerfers mit B-Stoff gefüllt
L.Fut.Wg.	Futterwagen 95 neuer Konstruktion
lg.Mrs.	Langer Mörser (21cm Steilfeuergeschütz)
lg.s.F.H.13.	Lange schwere Feldhaubitze 13 (15cm Steilfeuergeschütz)
lg.s.Spr.M.	Lange schwere Sprengmine; Geschoß des schweren Minenwerfers von 97,5kg Gewicht
lg.15cm R.K.	Lange 15cm Ringkanone
L.H.W.	Landwirtschaftliche Hauptwerkstatt
Li.	Lippe
l.J.	Im laufenden Jahre (österr.)
Lichtsignal.	Signal-Ersatz-Abteilung
Linkdtr.	Linienkommandeur
L.J.R.	Landwehr-Infanterie-Regiment
L.J.R.	Lehr-Infanterie-Regiment
L.K.	Linienkommandeur
L.K.A.	Leichtkranken-Abteilung
L.K.K.	Leichte Kraftwagen-Kolonne
Lkw.	Lastkraftwagen
Lkz.	Lokalzug
Lkz.	Leichtkrankenzug
L.M.	Lohmühle (auf Karten)
l.M.	Im laufenden Monat (österr.)
l.M.G.	Leichtes Maschinengewehr
l.M.G.Tr.	Leichter Maschinengewehr-Trupp
l.M.K.	Leichte Munitionskolonne
L.M.St.	Ledermeldestelle der Kriegsrohstoffabteilung des Kriegsamts
L.M.St.	Lichtmeßstelle der Artillerie
l.Mun.Kol.	Leichte Munitionskolonne
L.M.V.	Landwirtschaftliche Maschinen-Versorgungsstelle bei der Maschinen-Beschaffungs-Abteilung beim Chefingenieur des Wumba
l.M.W.	Leichter Minenwerfer
L.O.	Landwirtschaftsoffizier
Lok.	Lokomotive
Lokzug.	Lokalzug
L.Packw.m. Feldschm.	Eskadron-Packwagen 95 u. 95 neuer Konstruktion, leichter Vorratswagen

L.S.	Landwirtschaftlicher Sachverständiger
Lsch.	Linienschiffe (österr.)
l.Spr.M.	Leichte Sprengmine des leichten Minenwerfers, Gewicht 4,76kg
l.Spr.M.16	Leichte Sprengmine 16 gepresst mit verstärktem Boden und angepresstem Kopf
l.Spr.M.16 Erna-Liese	Leichte Sprengmine 16 gepresst mit verstärktem Boden und eingeschraubtem Mundlochring
Lspr.Mun.	Leuchtspur-Munition
Lst.	Landsturm (österr.)
Lt.	Leutnant
Lü.	Lübeck
lü.	Landesüblich (österr.)
Lubia.	Luftbildabteilung (Abteilung der Inspektion der Flieger)
Lubiko.	Luftbildkommando, Ausbildungsformation der Fliegertruppen für Lichtbildaufnahmen
Lufast.	Luftfahrzeug-Abwehr-Staffel
Luft.	Luftschiffer
Luftfraprü.	Militärische Frachtbrief-Prüfstelle für die Inspektion der Luftschiffertruppen
Luspa.	Luftsperr-Abteilung (Ballonformation im Heimatluftschutz)
Luswe.	Luftschifferwerft
Luxbuch.	Zusammenstellung der vom Graben aus gemachten Beobachtungen (s. Abo. u. Jbo.)
L.V.	Lederverteilungsstelle der Kriegsrohstoffabteilung des Kriegsamtes
L.V.G.	Luftverkehrs-Gesellschaft
L.V.M.k.ung.	Landesverteidigungs-Ministerium (ung.)
L.V.Z.	Lichtbild- u. Vermessungszentrale
Lw.	Landwirtschaftsministerium
L.Z.	Zeppelin-Luftschiff
Lz.	Lazarettzug
Lz.	Einzelfahrende Lokomotive
L.Z.A.	Leder-Zuweisungs-Amt bei der Kriegsrohstoffabteilung des Kriegsamts

M

M	Marinekorps Flandern (auf Kfz-Kennzeichen)
M.	Major
M.	Muster, Modell (z.B. M.16)
M.	Mühle (auf Karten)
M.	Maschinengewehrkompagnie
M.	Munitionsstab
M.	Mutterstation (auf Eisenbahnkarten)
m.	Mit
m.	Mittlere(r,s)
m.	Maskulinum
m.	-meister (österr.)
M.A.	Meldeamt
M.A.	Maschinenamt einer Militär-Eisenbahn-Direktion
M.A.	Medizinal-Abteilung des Kriegsministeriums
M A	Medizinal-Abteilung des Württemberg. Kriegsministeriums
Ma.	Marsch (österr.)
M.A.A.	Militärische Stelle des Auswärtigen Amtes
M.A.B.	Militärische Ausführungsbestimmungen
Maf.	Marschformation (österr.)
Mafraprü.	Marine-Frachtbrief-Prüfstellen
Mag.	Magazin
Maj.	Major
M.A.K.	Militärakademie (österr.)
Mao.	Maschinenoffizier
Mar.	Marine
Mar.Gruja.	Gruppenkommandeur der Marine-Jagdgruppe (Fliegerformation)
Marian.	Marianen
Marsch.	Marschall-Inseln
Mascha.	Maschinenamt
M.A.St.	Maschinenausgleichsstelle
Mast.	Maschinenausgleichsstelle
Mat.	Material
Matr.	Material-Verwalter
Matr.Art.	Matrosen-Artillerie
Matr.Wg.	Materialwagen für Straßenbau- und Starkstrom-Formationen
M.B.d.W.	Vorschrift für die militärische Benutzung der Wasserstraßen im Kriege
M.b.K.	Mitteilungen betr. Kriegsaufklärungen
M.Bl.	Ministerialblatt für die gesammte innere Verwaltung in den Königlich Preußischen Staaten
m.Blink 16	Mittleres Blinkgerät
M.B.M.T.	Merkblatt für die Begleiter von Militärtransporten
M.Br.	Marine-Brigade
M.B.R.	Ministerial-Beamten-Referat im Reichswehrministerium
m.Br.M.	Mittlere Brandmine des mittleren Minenwerfers, Gewicht 36,5kg
M.Bt.Abt.	Militär-Betriebs-Abteilung

M.B.V.	Marine-Bau-Verwaltung
M.B.V.	Materialien-Beschaffungs- u. Versandabteilung Adlershof
Me	Mehl (in taktischen Zeichen)
Mebau.	Militär-Eisenbahnbauabteilung der Militär-Eisenbahn-Direktion
Mebaugru.	Militär-Eisenbahnbau-Gruppe
Mebedo.	Deutsche Militär-Eisenbahn-Betriebsdirektion Dobrudscha
M.D.	Materialiendepot
M.D.	Marine-Division
M.E.Betr.Abt.	Militär-Eisenbahn-Betriebs-Abteilung
M.E.D.	Militär-Eisenbahn-Direktion
M.E.O.	Militär-Eisenbahn-Ordnung
Meschwa I u. II	Militär-Eisenbahn-Schwellengewinnungsstelle, Abt. I u. II
M.E.V.A.	Militär-Eisenbahn-Verkehrsamt bei der Militär-Eisenbahn-Direktion
M.E.W.Abt.	Militär-Eisenbahn-Werkstätten-Abteilung
Mf.	Munitionsfabrik
M.F.A.	Marine-Fesselballon-Abteilung
M.F.B.	Marine-Feldbatterie
Mf. K	Munitionsfabrik Kassel
Mf. Sp	Munitionsfabrik Spandau
M.Fl.A.	Marine-Flieger-Abteilung
M.Flak.	Maschinen-Flugabwehrkanone 3,7cm
MFLK	Bayer. Maschinen-Flak-Zug (an Uniformen)
M.Flak.Zug.	Maschinen-Flugabwehrkanonen-Zug
M.f.L.V.k.k.	Österr. Ministerium für Landesverteidigung
M.Fo.V.	Militär-Forst-Verwaltung in OberOst
M.F.St.	Metall-Freigabestelle
Mfuk.	Mittleres Funkgerät bei einem Funkerzug für Infanterie o. Artillerie bei den Divisionsfunkerabteilungen
M.F.V.	Militär-Forst-Verwaltung in OberOst
M.G.	Maschinengewehr
M.G.A.	Maschinengewehrabteilung
M.G.Abtl.	Maschinengewehrabteilung
M.G.Ausb.Kdo.	Maschinengewehr-Ausbildungskommando
Mgb.V.	Marschgebührnisvorschrift
M.G.D.(M.Gd.)	Militär-General-Direktion, Militär-Eisenbahnbehörde in Brüssel, Warschau und Bukarest
M-Gerät	Kurze Marinekanone 42cm, Steilfeuergeschütz („Dicke Bertha“) mit Artillerie-Kraftzug
M.G.Esk.	Maschinengewehr-Eskadron
Mg.Fp.K.	Magazin-Fuhrpark-Kolonne
M.G.G.	Militär-General-Gouvernement (österr.)
M.G.K.	Maschinengewehr-Kompagnie
M.G.Kdr.Belgien.	Kommandeur der Maschinengewehr-Truppen des Generalgouvernements Belgien
M.G.Komp.	Maschinengewehr-Kompagnie
M.G.(Kraftrad) Komp.	Maschinengewehr-(Kraftrad)-Kompagnie
M.G.Lehrk.Döberitz	Maschinengewehr-Lehrkursus Döberitz
M.G.O. bei A.O.K.	Maschinengewehr-Offizier beim A.O.K.

M.G.O.b.St.	Maschinengewehr-Offizier beim Stabe eines Regimentes oder selbstständ. Bataillon
M.G.Offz.v.Pl.	Maschinengewehr-Offizier vom Platz
m.G.M.B.	Mittlere Gasmine des mittleren Minenwerfers, Gewicht 42kg, enthielt 7-8 Liter B-Stoff
m.G.M.C.	Mittlere Gasmine des mittleren Minenwerfers, Gewicht 42kg, enthilet 7-8 Liter C-Stoff
Mgr.	Mergelgrube (auf Karten)
M.G.(Sch.)Esk.	Maschinengewehr-(Schützen)-Eskadron
M.G.Ss.-Ausb. Kdo.West	Maschinengewehr-Scharfschützen-Ausbildungs-Kommando West
M.G.Ss.Abt.	Maschinengewehr-Scharfschützen-Abteilung
M.G.Ss.Kp.	Maschinengewehr-Scharfschützen-Kompagnie
M.G.Trupp	Maschinengewehr-Trupp
M.G.Zug	Maschinengewehr-Zug
M.H.	Meierhof (auf österr. Karten)
M.Hu.Tr.	Meldehund-Trupp
M.J.	Militärische Institute
Miabko.	Württemberg. Garnisons-Minenwerfer-Kompagnie 420 Münsingen
Mifidi.	Militär-Finanz-Direktion Oberost
Mil.	Militär
mil.	Militärisch
Mil.Att.	Militär-Attaché
Milfast.	Militärfahramt Stuttgart
Milfraprü.	Militärische Frachtbriefprüfungsstelle
Mil.Gouv.	Militär-Gouvernement
Milha.	k.u.k. Militärhäuteanstalt
Milmiss.	Deutsche Militärmission in Konstantinopel
Milpon.	Militärposten
Milstat.	Militärstation
Miltaheim.	Militär-Telegraphen-Abteilung im Heimatgebiet
Miltrf.	Militärtarif
Milverkehr.	Generalinspektion des Militärverkehrswesens
Milvrw.	Militärverwaltung in Rumänien
Min.	Ministerium
Min.	Minuten
Minabko.	Minenwerfer- Beschuß-Abwehr-Kommando
M.J.R.	Marine-Infanterie-Regiment
M.K.	Militär-Kabinett
M.K.	Militär-Kraftwagen (auf Kfz-Kennzeichen)
M.K.D.	Militär-Kanal-Direktion in Brüssel
M.K.D.	Militär-Kontrollstelle bei den Daimlerwerken
M.K.n/A.	Munitionkolonne neuer Art
M.K.S.M.	Militärkanzlei Seiner Majestät (österr.)
M.K.St.	Marinekorps Stab
M.L.	Meldestelle für Lederstoffe beim Kriegsamt
M.L.A.	Marine-Luftschiff-Abteilung
M.Lkz.	Militär-Lokalzug

M.M.A.	Militär-Medizinal-Abteilung des Kriegsministeriums
m.M.W.	Mittlerer Minenwerfer
M.M.D.	Chef der Deutschen Mittelmeer-Division
Mob.Best.	Mobilmachungsbestimmungen
M.Mob.St.	Metall-Mobilmachungsstelle der Kriegs-Rohstoff-Abteilung beim Kriegsamt
M.O.	Manöverordnung
Mob.	Mobilmachung
mob.	Mobil
Mob.Pl.	Mobilmachungsplan
M.O.D.	Militär-Ökonomie-Departement des Kriegsministeriums
Mont.	Montur (österr.)
M.O.R.	Militär-Oberrealschule (österr.)
Morep.	Motorreperaturwerkstatt Warschau
Morg.	Morgens
mot.	Motorisiert
Motorpark Cöln	Motorlokomotivpark Köln
m.P.	Mit Pension
M.P.	Maschinenpistole
m.p.	Manu propria (mit eigener Hand, österr.)
M.P.G.	Militär-Pensions-Gesetz
M.R.	Exerzierreglement für Maschinengewehrabteilungen
M.Ret.	Ministerialrat (österr.)
Mrs.	Mörser
M.Sch.	Mecklenburg-Schwerin
Mscht.	Mannschaft(en)
Msk.	Musketen
M.S.G.	Militär-Gesetz-Sammlung
M.S.O.	Meldesammeloffizier
m.Spr.M.	Mittlere Sprengmine des mittleren Minenwerfers, Gewicht 51kg
M.S.S.	Meldesammelstelle
M.St.	Mecklenburg-Strelitz
M St	Metall-Meldestelle mit Zuweisungsamt der Kriegs-Rohstoff-Abteilung beim Kriegsamt
M.St.G.B.	Militär-Strafgesetzbuch
M.St.G.O.	Militär-Strafgerichtsordnung
M.St.N.	Marinestation Nordsee
M.St.O.	Marinestation Ostsee
M.St.V.	Militär-Strafvollstreckungsvorschrift
M.T.B.	Militär-Textil-Beschaffungsamt
M.Tr.O.	Militär-Transportordnung
Mun.	Munitions
Mun.	Munitionsabteilung
Munast.	Munitionsanfertigungsstelle Ebingen/Württemberg
Mun.Aus.	Munitions-Ausgabestelle
Mun.Kol.n/A.	Munitionskolonne neuer Art
Mun.V.St.	Munitions-Verteilungs-Stelle
Mun.Wg.	Munitionswagen
M.U.R.	Militär-Unterrealschule (österr.)
Musk.Batl.	Musketen-Bataillon
Musk.Komp.	Musketen-Kompagnie

Mu.T.	Kommandeur der Munitionskolonnen und Trains
Muz.	Militärurlauberzug
m.V.	mit Verzögerung (bei Zündern)
M.V.A.	Militär-Veterinär-Akademie
m.V.ausgesch.	Mit Versorgung ausgeschieden
M.V.Bl.	Marine-Verordnungsblatt
M.V.O.	Militär-Veterinär-Ordnung
M.W.	Munitionswesen
M.W.	Munitionswagen
MW	Minenwerfer (an Uniformen)
M.W.Abt.	Minenwerfer-Abteilung
M.W.Batl.	Minenwerfer-Bataillon
M.W.Bl.	Militär-Wochenblatt
M.W.Ers.Batl	Minenwerfer-Ersatz-Bataillon
M.W.Ers.Kp.	Minenwerfer-Ersatz-Kompagne
M.W.Ers.Rg.	Minenwerfer-Ersatz-Regiment
M.W.Ers.Tr.	Minenwerfer-Ersatz-Truppen
Mwf.	Minenwerfer
M.W.K.	Minenwerfer-Kompagnie
M.W.K.	Militär-Wagen-Kontrolle beim Chef der Eisenbahnabteilung
M.W.Kp.(2-6-12)	Minenwerfer-Kompagnie zu 2 schweren, 6 mittleren u. 12 leichten Werfern
M.W.Kp.(G.)	Gebirgs-Minenwerfer-Kompagnie
M.W.O.	Minenwerferoffizier beim Stabe
M.W.Park	Minenwerfer-Park
M.W.Schule	Minenwerfer-Schule
M.W.Tr.	Minenwerfer-Truppe
M.W.Verst.	Minenwerfer-Verstärkung
M.W.Z.	Minenwerfer-Zug
M.W.Zug.	Minenwerfer-Zug
Mw.Z.u.M.i.Mf.	Vorschriften über die Zählung u. Meldung der für Militärtransporte geeigneten u. verfügbaren Wagen im Mobilmachungsfall
M.Y.	(an Bord) Meiner Yacht
M.Z.	Maschinengewehr-Zug
Mz.	Militärzug

N

N.	Nachrichtentruppen
N.	Nachrichtenstelle des Reichswehrministeriums
N.	Nachrichten
N.	Nachtrag
N.	Chiffrierstelle der Abteilung IIIb des stellvertr. Generalstabes
N	Nahkampfmittel (in taktischen Zeichen)
N	Nachrichtenmine (in taktischen Zeichen)
N.	Nachmittag
n.	Nördlich
n.	Nach (auf Karten)
n.	Neutrum
№	Numero
N.A.	Nachrichten-Abteilung
n.A.	Nach Abgang
Nachera.	Nachrichten-Ersatz-Abteilung
Nachm.	Nachmittags
Nachprüfungsstelle	Nachprüfungsstelle der Heeres- u. Marineverwaltung für Auslandsschriftverkehr in Sachen des gewerblichen Rechtsschutzes
Nachr.	Nachrichten
Nachr.	Nachrichtenwesen
N Ad	Neben-Artilleriedepot
Nahk.Gr.	Nahkampfgruppe der Artillerie
Nahkm.	Nahkampfmittel
Nahk.U.Gr.	Nahkampf-Untergruppe der Artillerie
Namischu.	Nachrichtenmittel-Schule
Nateko.	Nautisch-technische Kommission für das Schwarze Meer
N B	Zentralnachweisbüro des Kriegsministeriums
N.B.	Nachrichtenbetriebsleitung im Reichswehrministerium
N.d.A.	Nachrichten der Auslandspresse beim Kriegspresseamt
n.d.A.	Nach dem Abgang vorzulegen
N.D.O.	Nationalverband Deutscher Offiziere
N.E.P.	Eisenbahn-Neben-Ersatzpark
Nepak Hanau	Nebenersatzpark Hanau
N-Flugzeug	Doppelsitziges Nachtflugzeug mit Bewaffnung
N.G.	Nachrichtengruppe des Großen Generalstabes 1919
NG	Nahkampf-Geschütz-Batterie (an Uniformen)
N.Guin.	Neuguinea
N.Hdl. Industrie	Nachrichtenblatt für Handel u. Industrie
N.K.D.	Nahkampfmitteldepot
N.L.G.	Naturalleistungsgesetz
N/M	Neues Muster
N.M.O.	Nachrichtenmittel-Offizier
N.O.B.	Nachrichten-Offizier Berlin des Generalstabes des Feldheeres
N.O.Bln.	Nachrichten-Offizier Berlin
Nob.-Wis.	Wissenschaftliche Abteilung des Nachrichten-Offiziers Berlin
Nodawe.	Artilleriewerkstatt Nord Spandau
Nodel.	Nachrichten-Offizier der Luft

Nodohl	Nachrichtenoffizier der Obersten Heeresleitung
N.O.Mitte.	Nachrichten-Offizier Mitte, Sitz in Berlin
Nr.	Nummer
n.R.wegl.	Nach Rückkehr weglegen
n.R.z.d.A.	Nach Rückkehr zu den Akten
N.S.A.(-Signal)	Nachtsignalapparat (im Signalbuch)
N.St.	Nachrichtenstelle der Großen Generalstabes 1919
N.T.	Nebeltrommel (Nebelerzeugungsmittel
N.Tr.	Nachrichtentruppen
N.V.Bl.	Normal-Verordnungsblatt (österr.)
N.Z.	Nachrichtenmittelzentrale im Reichswehrministerium
n.z.b.	Nichts zu bemerken
Nzl	Nutzlast (österr.)

O

O.	Ober
O.	Ordnung
O.	Offizier
O.	Operationsabteilung des Generalstabes
O	Ortsfest (in taktischen Zeichen)
o.	Oder
ö.	östlich
O.A.	Oberarzt
O.A.K.	Operierendes Armee-Kommando (österr.)
O.A.R.	Oberarchivrat
O.B.	Organisations-Bestimmungen des Feldeisenbahnchefs
ob.	Ober
O.Bekl.V.	Offiziers-Bekleidungs-Vorschrift
Oberdeveroff.	Oberer Deutscher Verbindungsoffizier bei der Militärmission in Konstantinopel
Oberost.	Oberbefehlshaber Ost; Land Oberost
Oberstltt.	Oberstleutnant
Obet.	Betan-Sachverständiger
OBf.	Oberbefehlshaber
Obkdo.	Oberkommando
Obkdo. Schutztr.	Oberkommando der Schutztruppe
Oblt.	Oberleutnant
Ob.Ost.	Oberbefehlshaber Ost (auch auf Kfz-Kennzeichen)
Obst.	Oberst (österr.)
Obstlt.	Oberstleutnant (österr.)
O.d.K.	Oberkommando der Küstenverteidigung
Oedbof.	Österr.-deutsche Bodenseeflotille Friedrichshafen
O.E.G.	Offizier-Entlassungs-Gesetz
Oellages des J.K.	Öllager des Ingenieurkomitees für Flammenwerfer, Flammenwerferöl u. sonstige Zubehörteile
O.F.	Oberförster (auf Karten)
Off.Vers.	Auskunftsstelle für Offiziers-Zivilversorgung beim Kriegsministerium
Offanach	Offizier-Aspirantenkursus der Inspektion der Nachrichtentruppen
Offz.	Offizier(e,s)
Offzd.	Offiziersdiener (österr.)
Offzl.	Offizial (österr.)
Offz.v.Pl.	Offizier vom Platz
O.Flak	Ortsfeste Flugabwehrkanone
O.Flak.Battr.	Ortsfeste Flugabwehr-Kanonen-Batterie
O.Flak.Sw.	Ortsfester Flugabwehr-Kanonen-Scheinwerfer
O.Flak.Zug	7,62cm Ortsfester Flugabwehr-Kanonen-Zug
O.G.H.	Offiziers-Genesungs-Heim
O.H.L.	Oberste Heeres-Leitung
Ohla.	Auslandsabteilung der O.H.L. seit 9.7.18
O.H.L.Mun.	Hauptstelle der Munitionsabteilung der O.H.L.
O.Kmdtr.	Ortskommandantur

O.K.M.	Oberkommando des Besatzungsheeres in Rumänien (Mackensen) (auch auf Kfz-Kennzeichen)
Oek.	Ökonomie (österr.)
Oestung Bevoll. Berlin	Bevollmächtigter des k.u.k. Kriegsministeriums beim Preußischen Kriegsministerium in Berlin
Oe.U.	Österreich-Ungarn
O.L.	Oberleutnant
Old.	Oldenburg
O.M.D.	Ostasiatisches Marine-Detachment
Omun.	Chef der Munitionsabteilung der O.H.L. beim Großen Generalstab 1919
Op.	Operation(s,en)
Op.B.	Operationsbüro des Generalstabes (österr.)
Op.Mun.	Chef der Munitionsabteilung der O.H.L. beim Großen Generalstab 1919
O.Q.	Oberquartiermeister
O.Q.I.	Oberquartiermeister I beim Großen Generalstabe. Ihm waren unterstellt: 2.Abt. Mobilmachung, Aufmarsch, Eisenbahnabt., 4.Abt. Festungen, pionier-techn. u. Artillerie Fragen
O.Q.II.	Oberquartiermeister II beim Großen Generalstabe. Ihm waren unterstellt: Abt. 3 u. 9 Fremde Heere Westen
O.Q.III.	Oberquartiermeister III beim Großen Generalstabe. Ihm waren unterstellt: Abt.5, Heeresversorgung, Generalstabsreisen, Abt.8 Taschenbuch des Genarealstabsoffiziers, Kriegsakademie
O.Q.IV.	Oberquartiermeister IV beim Großen Generalstabe. Ihm waren unterstellt: Abt.1 u.10 Fremde Heere Osten
O.Q.V.	Oberquartiermeister V beim Großen Generalstabe. Ihm waren unterstellt: die beiden kriegsgeschichtlichen Abt.
O.Q.F.	Oberquartiermeister für Friedensarbeiten im Großen Generalstabe 1919
O.Q.K.	Oberquartiermeister für Kriegsgeschichte beim Großen Generalstabe 1919
O.Q.M.	Oberquartiermeister
Ord.	Ordonanz
Ordz.	Ordonanz
Org.	Organisation
O.R.R.	Oberregierungsrat
Osanoff.	Oberster Sanitätsoffizier bei der Militärmission in Konstantinopel
O.St.A.	Oberstabsarzt
O.St.V.	Oberstabsveterinär
O.V.	Oberveterinär
o.V.	Ohne Verzögerung (bei Zündern)
o.V.	Ohne Vorgang
Ova.	Obstverwertungs-Anstalt
O.Z.	Oberzensurstelle des Kriegsministeriums

P

P.	Pionier
P.	Pension
P.	Politik
P	Reichspostministerium
P	Pulver = Sprengstoffe (auf Flaggen)
P	Personalia
P.	Korps P: Korps Posen
P 1	Heeres-Personalabteilung 1 des Reichswehrministeriums
P 2	Heeres-Personalabteilung 2 des Reichswehrministeriums
P 3	Heeres-Versorgungsabteilung des Reichswehrministeriums
P 4	Besondere Stellen des Personalamtes für Generalstabsoffiziere im Gebiet des Reichswehrministeriums
P I,II usw.	Parseval-Luftschiff I, II usw.
P.A.	Panzerauto (österr.)
P.A.	Heeres-Personalamt des Reichswehrministeriums
P.A.	Prüfungsausschuß für höhere Indentanturbeamte
Packw.	Stabspackwagen 95 u. 95 neuer Konstruktion, Registraturwagen, Kompagniepackwagen, Packwagen für Straßenbau- u. Starkstrom-Formationen
P.A.d.Luft.	Presse-Abteilung der Luftstreitkräfte, Luftzensur
Paga.	Abteilung der Kriegsrohstoffabteilung des Kriegsamtes für Bearbeitung der Papiergarnwirtschaft hinsichtlich Erzeugung und Gebrauch
Paga.P.	Papiergarn-Bedarfs-Prüfstelle
Pap.M.	Papiermühle (auf Karten)
Patr.	Patrouille
Pav.	Pavillon (auf Karten)
P.A.O.	Proviant-Amts-Ordnung
P.B.	Pionier-Bataillon
P.D.St.	Personal-Dirigierungsstelle (österr.)
P.E.	Prüfstelle für Eisenbahntransporte beim Kriegsministerium
p.e.	Post expeditionem (nach der Absendung, österr.)
Pens.	Pension
perm.	Permanent
Pers.	Personal
pers.	Persönliche(r,s)
Peter-Adalbert-B.Geschütze	Schwerstes Flachfeuer, Kaliber 21cm
Pf.	Pulverfabrik
Pf.	Pferde
Pf.D.	Pferde-Depot
Pf.Flak.Swf.Z.	Pferde-Flak-Scheinwerfer-Zug
Pf.L.	Pferde-Lazarett
Pf N	Pulverfabrik Nauen
Pf Pl	Pulverfabrik Plaue
Pf Sp	Pulverfabrik Spandau
Pfw.	Pferdewärter
Pharm.	Pharmazeut (österr.)

P.J.	Preußische Jahrbücher
Pi.	Pionier(s)
P.J. 1-5	Pionier-Inspektion 1-5
Piabko.	Abnahmekommando der Pionierdepot-Inspektion
Pi.B.A.	Pionierbeschaffungsamt beim Ingenieurkomitee
Pi.B.A.B. 1-3	Pionier-Beschaffungs-Abteilung 1-3
Pibeabau.	Pionier-Beschaffungs-Amt Abt. 2 Baustoffe
Pibeasis	Pionier-Beschaffungs-Amt Abt. 1 Eisen
Pi.Bel.Tr.	Pionier-Belagerungs-Train
Pi.Btl.	Pionier-Bataillon
Pi.Btl.St.	Pionier-Bataillons-Stab
Pi.Ers.Batl.	Pionier-Ersatz-Bataillon
Pi.Ers.Kp.	Pionier-Ersatz-Kompagnie
Pi.(Fähr)Kp.	Pionier-(Fähr)-Kompagnie
Pi.H.P.Berlin,Cöln, Mainz	Pionier-Heerespark Berlin, Köln, Mainz
Pi.Kp.	Pionier-Kompagnie
Pi.Landgs.Kp.	Pionier-Landungs-Kompagnie
Pion.	Pionierwesen
Pi.Pa.	Pionier-Park
Pi.Pa.Dir.	Pionier-Park-Direktion Ost u. West
Pi.Pa.Jnsp.	Pionier-Park-Inspektion
Pi.Park.Kp.	Pionier-Park-Kompagnie
Pi.Rgt.	Pionier-Regiment
Pi.V.A.	Pionier-Versuchs-Abteilung des Ingenieurkomitees
Piwumba.	Pionier-Depot-Inspektion der Wumba
P.K.	Prüfungsstelle für Kriegsakten beim stellvertretenden Generalstabe
P.K.	Proviantkolonne
PKK	Personenkraftwagenkolonne
Pkt.	Punkt
Pk.W.	Packwagen
pl.	Plural
Plaflak.	Prüf- u. Lehrabteilung für Flugabwehrkanonen
P.Lkz.	Aus Personenwagen zusammengestellter Behelfs-Leichtkrankenzug der Etappeninspektionen
Plqu.	Planquadrat
P M	Reichspostministerium
p.m.	Post manipulationem (nach der Behandlung, österr.)
Po.	Feldpost
Po.K.P.	Post-Kraftwagen-Park
Pol.	Sektion Politik des Generalstabes
Pol.	Geheime Feldpolizei
Polkomp.	Polizei-Kompagnie
Pollavastelle	Zentralpolizeistelle Württemberg
Polstkomp.	Polizei-Stamm-Kompagnie
Poltr.	Polizeitruppe
Pon.	Posten
pop.	Populär

Pos.	Position
p.p.	Partizip des Perfekts
p.p.	und so weiter
P.R.	Personal-Referat im Personalamt des Reichswehrministeriums
Pr.	Preußische(r,s)
Pr.	Probe
PR	Proviant (in taktischen Zeichen)
Prakt.	Praktikant
Präs.	Präsidial, Präsens, Präsident, Präsidium
präs.	Präsentieren (österr.)
Pr.Dep.	Proviant-Depot
Press.	Pressestelle der Reichsregierung
Preukem.	Bevollmächtigter des Preußischen Kriegsministeriums im k.u.k. Kriegsministerium Wien
preuss.	Preußische(r,s)
Pr Hd	Preußisches Handelsministerium
Pr.Jhrb.	Preußische Jahrbücher
Pr M Pr	Preußischer Ministerpräsident
Prof.	Professor
Pr.L.M.W.	Preßluft-Minenwerfer
Prov.	Proviant
prov.	Provisorisch
Prov.Kol.	Proviantkolonne
prp.	Präposition
Pr St M	Preußisches Staatsministerium
Prüko.	Prüfungs-Kommission
Prz.	Probezug
P.S.	1 Pferdestärke = 75 kgm
P.S.St.	Personal-Stamm-Station (österr.)
Pt.	Patentreferat bei Abteilung Lieferungsstatistik des Kriegsministeriums
Pü.	Postüberwachungsstelle
P.u.W.Adlershof, Döberitz	Prüfungsanstalt u. Werft der Fliegertruppen Adlershof, Döberitz
P.V.	Pionier-Vorschrift
P.V.	Pensionierungs-Vorschrift für das Preußische Heer
P.V.Bl.	Personal-Verordnungsblatt (österr.)
Pvhs.	Pulverhaus (auf Karten)
P W	Direktorium des Potsdamer Großen Militär-Waisenhauses
Pz.	Panzerwagen
Pz.	Personenzug
Pz.	Passzentrale der Abteilung IIIb des Stellvertretenden Generalstabes
P.Zg.	Panzerzug

Q

Q.	Quartiermeister
Q.	Mindererergiebige Süßwasserquelle (auf österr. Karten)
Q	Sektion der Kriegsrohstoffabteilung beim Kriegsrat: Bewirtschaftung von Kork
qcm	Quadratzentimeter
qkm	Quadratkilometer
Q.M.	Quartiermeister
qm	Quadratmeter
Qu.	Ergiebige Süßwasserquelle (auf österr. Karten)
Qu.M.	Quartiermeister

R

R.	Regiment
R.	Reitende Abteilung
R.	Richtkreis
R.	Radfahr-Kompagnie (auch an Uniformen)
R.	Rittmeister
R.	Reaumur (damals übliche Temperaturangabe)
R.	Ruine (auf Karten)
R.	Rückerbeten
R.	Rampe mit Kopf- u. Seitenverladung (auf Eisenbahnkarten)
R	Rücksprache
r.	Reitende
r.	Reitende Batterie
R 25	Riesenflugzeug 25
R 2-Stellung	2. rückwärtige Stellung
R.A.	Rechtsabteilung der Reichswehrministeriums
R.A.	Regimentsarzt (österr.)
R.A.	Richtaufsatz
R.A.	Richtungsanlage (Funkgerät der Marine)
R A	Remontierungs-Abteilung des Kriegsministeriums
Radf.	Radfahrer
Rak.	Reichsabwicklungs-Kommissar
R.A.S.	Rohstahl-Ausgleichsstelle bei der Kriegsrohstoffabteilung des Kriegsamtes
Ras.	Rohstahl-Ausgleichsstelle bei der Kriegsrohstoffabteilung des Kriegsamtes
R A V	Reichsarbeitsamt
Rb.	Reihenbild
Rb.	Rechnungsbüro
R.B.A.	Reserve-Bekleidungsamt beim Generalkommando
R.B.G.	Gesetz über die Rechtsverhältnisse der Reichsbeamten
R B K	Reichsbahngesellschaft
Rbk.	Reichsbank
Rbl.F.	Rundblick-Fernrohr
Rb.Z.	Reihenbildung (Fliegerformation)
Rch.	Rechnungs
R.D.	Reserve-Division
Rd.	Rekrutendepot
R.d.B.	Reichsverband deutscher Berufssoldaten
Rdf.	Radfahrer
R.D.G.	Richter-Disziplinar-Gesetz
R.d.Mob.	Regelung der Mobilmachungs-Transporte
R.E.	Richtempfänger (Funkgerät des Heeres)
R.E.A.	Reichs-Eisenbahn-Amt
Rea.	Riesenflugzeug-Ersatz-Abteilung
R.E.B.K.	Reserve-Eisenbahn-Baukompagnie
Rechn.	Rechnungs(-Amt)
Ref.	Referent
Reg.	Regierung(s)
Rega-Akten	Akten des Reichskommissars zur Erörterung von Gewaltätigkeiten gegen deutsche Zivilpersonen in Feindesland
Regb.	Regierungsbaumeister

Regstat.	Regierungsstation
Reichslieferung	Zentralstelle zur Beschaffung der Heeresverpflegung
R.E.K.	Reichs-Entschädigungs-Kommission
Rek.	Rekonvaleszent
rek.	Rekommandiert (öster.)
Rekodeis.	Regimentskommandeur der Eisenbahntruppen
Rekokraft.	Regimentskommandeur der Kraftfahrtruppen
Rekokraft.Türkei	Regimentskommandeur der Kraftfahrtruppen in der Türkei
Rekr.	Rekruten
R.E.L.	Reichsland Elsaß-Lothringen
Res.	Resident
Res.	Reserve
Res.Abt.	Reserve-Abteilung
Res.Div.Br.Tr.	Reserve-Divisions-Brückentrain
Resdtr.	Residentur
Res.Korps.Br.Re.	Reserve-Korps-Brückentrain
Res.M.G.Abtlg.	Reserve-Maschinengewehr-Abteilung
Res.Pi.Kp.	Reserve-Pionier-Kompagnie
Res.Schw.Zug.	Reserve-Scheinwerferzug
Ret.	Retablierung (österr.)
Retag.	Reichs-Textil-Aktiengesellschaft
Rev.K.	Revolverkanone (in taktischen Zeichen)
Rewa.	Reichswehr-Wirtschaftsausschuß
Rf.	Rangierfahrt
Rfa	Riesenflugzeug-Abteilung
R.F.B.	Republikanischer Führerbund
R.Fl.Abt.	Riesenflugzeug-Abteilung
R.Fliegerabt.	Riesenflugzeug-Abteilung
R F H	Reichsfinanzhof
R-Flugzeug	Riesenflugzeug mit 3 bis 6 Motoren, Doppeldecker mit Bewaffnung
R.G.	Reichs-Getreidestelle
R G	Reichsgericht
R G A	Reichsgesundheitsamt
R.G.Bl.	Reichsgesetzblatt
R.G.d.C.	Regiment der Garde du Corps
Rgstr.	Registratur
Rgt.	Regiment
R H	Rechnungshof
R.H.	Roter Halbmond
Rh.	Reichsministerium für die besetzten Gebiete
R.J.	Remonte-Inspektion des Kriegsministeriums
Ri.	Richtung (in Fahrplänen)
Richtempf.	Richtempfänger
R.J.D.	Reserve-Infanterie-Division
R.J.R.	Reserve-Infanterie-Regiment
Ritt.	Ritter (österr.)
Rittm.	Rittmeister
R.K.	Reserve-Korps

R.K.	Rotes Kreuz
R.K.	Ringkanone (in taktischen Zeichen)
Rk.	Reichskanzler, Reichskanzlei
R.K.A.	Reichs-Kolonial-Amt
R.Karte.	Richtungskarte für funktelegraphische Peilung
R.K.M.	Reichskriegsmuseum (vom Kriegsministerium geplant 1917)
Rko.	Reichskommissar
Rkr.	Richtkreis
R.L.	Radlafette (in taktischen Zeichen)
R.L.-Geschütz.	Geschütz auf Radlafette (für schwerste Flachfeuergeschütze mit Motorzug)
RM	Reichsmark
Rm 11 AK	Römisch 11 (XI) Armeekorps (in Telegrammen)
R.M.G.	Reichs-Militärgesetz
Röff O	Reichskommissar für öffentliche Ordnung
Roha.	Handel- u. Rohstoffabteilung
Rohma.	Rohstoff- u. Maschinenverteilungsstelle beim Kriegsamt
R.P.	Richtpunkt
R Pat A	Reichspatentamt
R Pr	Reichspräsident
Rr.	Reichsrat
R.R.	Regierungsrat
R.R.	Reiter-Regiment
R.Rev.	Deutsche Revue (Zeitschrift)
R.R.K.	Reichs-Rayon-Kommission im Kriegsministerium
R.S.B.	Roter Soldatenbund
Rs.L.	Räumungslager
R.St.	Regimentsstab
R.St.G.B.	Reichs-Strafgesetzbuch
R.St.P.O.	Reichs-Strafprozess-Ordnung
Rt.	Reiter
rt.	Reitende
R.T.A.G.	Rechs-Textil-Aktiengesellschaft
R.Tel..	Telegraphenordnung für das Deutsche Reich
R.Tel.V.	Verordnung für die gebührenfreie Beförderung von Telegrammen
Rtg.	Reichstag, Reichstagspräsident, Reichstagsbüro
R.T.K.	Ruhe-Truppen-Kommandeur
Rtr.	Reiter (österr.)
R.Ue.K.	Rohstoff-Überwachungs-Kommission
Rücktr.	Rücktritt
R.U.O.	Rechnungs-Unteroffizier (österr.)
R.V.	Reichsverfassung
R V A	Reichsversicherungsamt
R.V.A.	Reichsverwertungsamt
R.Vers.G.	Reichsversorgungsgericht
Rw.	Reichswehr
R.W.A.	Reichs-Wirtschaftsamt
R Wi G	Reichswirtschaftsgericht
Rw.M.	Reichswehrministerium
R W R	Reichswirtschaftsrat

S

S.	Süden
S.	Sächsische(r,s)
S.	See (auf Karten)
S.	Sappeur (österr.)
S.	Scheinwerferzug
S	Schall(messtrupp) (in taktischen Zeichen)
S.	Seite
S.	Seitenrampe (auf Eisenbahnkarten)
S	Südarmee (auf Kfz-Kennzeichen)
S	*Stab*
S	*Schloßwache*
s.	Schwere(r,s)
s.	südlich
s.	siehe
S 1	Sanitäts-Personal-Abteilung des Kriegsministeriums
S 2	Medizinal-Abteilung des Kriegsministeriums
S 3	Sanitäts-Fürsorge-Abteilung des Kriegsministeriums
Sa.	Schifffahrtsabteilung der Zentralstelle des Feldeisenbahnchefs in Berlin
Sa.	Sachsen
SÄ.	Sächsisch (auf Erkennungsmarken)
s.A.Brig.	Schwere Artillerie-Brigade
sächs.	Sächsische(r,s)
S.A.G.	Schiffsausgleich
Sam.	Sammelstelle(n)
Sammelefzet.	Maschinen-Sammellager Rheydt
Samsande.	Sammelsanitätsdepot Duisburg-Ruhrort
San.	Sanitäts
San.K.A.	Sanitäts-Kraftwagen-Abteilung
Sanka.	Sanitäts-Kraftwagen-Abteilung
San.K.Abt.	Sanitäts-Kraftwagen-Abteilung
San.K.K.	Sanitäts-Kraftwagen-Kolonne
San.Komp.Packw.	Packwagen 95 u. 95 neuer Konstruktion für Sanitätskompagnien
San.Vor.Wg.	Sanitäts-Vorratswagen 05
Sap.	Sappeur (österr.)
s.A.R.	Schweres Artillerie-Regiment (österr.)
S.A.Z./Saz.	Ständiger Ausschuß für Zusammenlegung von Betrieben (angegliedert der Technischen Abteilung des Kriegsministeriums)
Saz.	Sammelzug
S.B.	Sichtungsstelle für Kriegsbeute u. Bibliothekswesen
S.B.	See-Bataillon
S.B.	Sappeur-Bataillon (österr.)
S.B.	Sächsischer Beauftragter beim Kriegsministerium
Sba.	Beauftragter der Schifffahrtsabteilung
sbst.	Substantivum
Sch.	Schütze

Sch.	Schule
Sch.	Scheune (auf Karten)
Schäf.	Schäferei (auf Karten)
Schanz.Wg.	Schanzzeugwagen 95 neuer Konstruktion
Scheinschule.	Flugabwehrkanonen-Scheinwerfer-Schule
Sch.Gr.K.	Schützengrabenkanone (in taktischen Zeichen)
Schi.	Schifffahrts
Schiffahrt Berlin	Schifffahrtsabteilung des Chefs des Feldeisenbahnwesens
Schiff Orsova	Expositur II der Zentral-Transport-Leitung (Wien) in Orsova
Schiffsausgleich.	Ausgleichstelle für Handelsschiffe in Hamburg
Schiff Sistov	Expositur III der Zentral-Transport-Leitung (Wien) in Sistov
Schiff Szabadka	Expositur I der Zentral-Transport-Leitung (Wien) in Szabadka
Sch.Komp.	Schützenkompagnie
Sch.L.	Schaumburg-Lippe
Schl.	Schloß (auf Karten)
Schl.	Schlächterei
Schlasta.	Schlachtstaffel (Fliegerformation)
Schl.Geschw.	Schlachtgeschwader (Fliegerformation)
Schlse.	Schleuse (auf Karten)
Schlz.	Schiebelokomotive
Sch.O.	Schießstand-Ordnung
Sch.O.	Schutztruppen-Ordnung
Schp.	Schuppen (auf Karten)
Sch.R.	Schützen-Regiment (österr.)
Schr.	Schrapnell
Sch.Tr.	Schutztruppe
Schubpol.	Nach- u. Abschub-Überwachungsstelle Stuttgart
Schubpol-Zentrale	Zentrale der Nach- u. Abschub-Überwachungsstellen beim Kriegsministerium Berlin
Sch.Ue.R.	Schiffsüberwachungs-Reisende (Spionageabwehr zwischen Libau, Memel, Königsberg u. Danzig; eingesetzt von Oberost)
Schuhava.	Hauptverteilungsausschuß des Schuhhandels Berlin
Schusta.	Schutzstaffel (Fliegerformation)
Schutzgeb.	Schutzgebiet
Schutztr.	Schutztruppe
Sch.V.	Schießvorschrift für Handfeuerwaffen
Sch.V.m.M.W.	Schießvorschrift für Minenwerfer
schw.	Schwere(r,s)
SCHW.A.R.	Schweres Artillerie-Regiment (österr.)
Schwd.	Schwadron (österr.)
Schwefla.	Schwerstes Flachfeuer
Schw.Ers.Batl.	Scheinwerfer-Ersatz-Bataillon
Schw.Fest.Schw.Zug.	Schwerer Festungs-Scheinwerferzug
schw.Fusta.	Schwere Funkstation
schw.Fut.Wg.	Schwerer Futterwagen
schw.Packw.m. Feldschm.	Schwerer Vorratswagen 05
schw.R.R.	Schweres Reiterregiment
schw.Schw.Zug.	Schwerer Scheinwerferzug
Schw.Zug.	Scheinwerferzug

Schz.	Schanzzeug (österr.)
S.D.	Sanitäts-Departement des Kriegsministeriums
S.D.	Seine Durchlaucht
Sdz.	Sonderzug
S.E.	Seine Exzellenz
Se.Maj.	Seine Majestät
See.	Telegrammanschrift für die Heimat-Seekriegsleitung
Seefrosta.	See-Frontstaffel (Fliegerformation)
Seels. e	Seelsorge evangelisch
Seels. j	Seelsorge jüdisch
Seels. k	Seelsorge katholisch
Seew.	Seewehr
Seil.	Seilbahn
Seilabt.	Seilbahn-Abteilung
Seiltrupp.	Seilbahn-Betriebs-Trupp
Sekt.	Sektion(en)
Sektion Q	Bewirtschaftung von Kork bei der Kriegsrohstoffabteilung beim Kriegsamt
Semgora.	Ständige Selbstverwaltung der russischen Governements, die Mittel für die Armee aufbrachte (russ.)
Sen.	Senat, Senatskommission
Seuch.V.	Seuchenvorschrift
S.F.	Scherenfernrohr
S.F.	Sonderformationen zur Verfügung der O.H.L. (auf Kfz-Kennzeichen)
s.F.H.O2.	Schwere Feldhaubitze O2 (15cm Steilfeuergeschütz)
s.F.H.13.	Schwere Feldhaubitze 13 (15cm Steilfeuergeschütz)
s.Fl.M.W.	Schwerer Flügel-Minenwerfer, Gew. der Wurfmine 100kg mit 42kg Spreng- o. Gasladung, Schußweite 1200m
S.G.	Schifffahrtsgruppe
Sg.	Schifffahrtsgruppe
Sg.Donau	Deutsche Schifffahrtsgruppe Donau bei der k.u.k. Zentral-Transport-Leitung in Wien
Sg.Kiew	Schifffahrtsgruppe in Kiew
Sgm.	Meldestelle der Schifffahrtsgruppe
S.G.N.	Schifffahrtsgruppen-Nebenstelle
Sgn.	Schifffahrtsgruppen-Nebenstelle
Sg.Nord	Schifffahrtsgruppe Nord in Riga
Sg.Ost	Schifffahrtsgruppe Ost in Berlin
Sgr.	Sandgrube (auf Karten)
Sg.Warschau	Schifffahrtsgruppe in Warschau
Sg.West	Schifffahrtsgruppe West in Duisburg
S.H.	Seine Hoheit
S.H.	Seiner Hochwohlgeboren
S.H.	Sennhütte (auf Karten)
S-Hindernis	Elektrisches Starkstrom-Hindernis
Si.	Signal
Sign.	Signal
S.J.	Heeres-Sanitäts-Inspektion
S.Jn.	Heeres-Sanitäts-Inspektion

S.K.	Schnellladekanone (in taktischen Zeichen)
S.K.H.	Seine königliche (kaiserliche) Hoheit
S.K.L.	Seekriegs-Leitung
s.K.L./40 E.B.Bruno	Schwerstes Flachfeuergeschütz, Kaliber 28cm, Schußweite 27,7km
s.K.L./40 Samuel	Schwerstes Flachfeuer mit Motor, Kaliber 17cm, Schußweite 16km; als Eisenbahngeschütz (E-Samuel) 24km
s.K.L./40 Theodor-Karl	Schwerstes Flachfeuergeschütz, Kaliber 24cm, Schußweite 26,6km
s.K.L./40 (C/01) Peter Adalbert	Schwerstes Flachfeuergeschütz, Kaliber 21cm, Schußweite 25,58km
s.K.L./45 König Luitpold	Schwerstes Flachfeuergeschütz, Kaliber 35/38cm, Schußweite 39,6km
s.K.L./45 Max	Schwerstes Flachfeuergeschütz, Kaliber 38cm, Schußweite 47,5km (genannt „Der lange Max“)
s.K.L./45 Peter Adalbert	Schwerstes Flachfeuergeschütz, Kaliber 21cm, Schußweite 26,4km
s.K.L./52,5 König August	Schwerstes Flachfeuergeschütz, Kaliber 35,5cm, Schußweite 62,2km
S.K.M.	Sächsisches Kriegsministerium
S.K.M.	Seine kaiserliche Majestät
s.Kst.Mrs.	Schwerer Küstenmörser 30,5cm und 28cm Steilfeuergeschütz
S.L.	Schirmlafette
sl.	Slang bei uns Jargon genannt
Sl.K.	Sammelkompanie (in taktischen Zeichen)
S.Lkz	Aus Personenwagen zusammengestellter Behelfs-Leichtkrankenzug des Sanitäts-Transport-Kommissars
S.L.Schiff	Schütte-Lanz-Luftschiff
S.L.V.	Schütte-Lanz-Luftschiff
Sm.	Seemeile
S.M.	Seine Majestät
S.M.	Sägemühle (auf Karten)
SM	Schall-Messtrupp (an Uniformen)
s.M.G.	Schweres Maschinengewehr
S.m.K.Munition	Spitzgeschoß mit Stahlkern zum Durchschießen leichter Panzerungen
S.m.K.L.-Spur Munition	Spitzgeschoß mit Stahlkern mit Leuchtsatz (Leuchtspur) zum Beschießen von Flugzeugen
Sml	Sammel
S.M.S.	Seiner Majestät Schiff
S.M.St.	Schallmess-Stelle der Artillerie
S.M.St.	Schwarzes Meer Stelle
s.M.W.	Schwerer Minenwerfer
S.O.	Sammeloffizier
sold.	Soldatensprache
Sonderersatz.	Ersatz-Bataillon für technische Sonderformationen
S.P.	Seidenbedarf-Prüfstelle des Kriegsamtes
Sp.	Spezial
Sp.A.	Sprungapparat für Springende Wurfgranaten
Späh-Trupp	Graben-Beobachter
Spit.	Spital (österr.)
Sp.K.	Specialkarte (österr.)

S.Pr.	Spitzgeschoß mit Phosphor-Füllung (zum Abschießen von Ballonen)
Spr.V.	Sprengvorschrift
S.R.	Soldatenrat
Ss.	Scharfschütze
SS.	Schießschule
Ss.	Südsee
S.S.O/S.	Selbstschutz Oberschlesien
S.Sp.B.	Sappeur-Spezial-Bataillon (österr.)
S.St.	Sammelstelle
St.	Stab
St.	Staffel
St.A.	Stabsarzt
Stabia.	Stabsbildabteilung
Stabio.	Stabsbildoffizier
Stabsoffz.Melde. Berlin.	Stabsoffizier des Flugmeldedienstes im Heimatgebiet
Stabspackw.m. Feldschm.	Kavallerie Stabspackwagen 05
Stat.	Station
Statk.	Stationskasse
Sta.V.	Stationsvorsteher
Stautrains.	Stärke- u. Ausrüstungsnachweisung für Trains
St.B.	Stamm-Batterie
St.B.	Steuerbord
Stb.	Stab
Stbr.	Steinbruch (auf Karten)
Std.	Stunde
std.	stand (österr.)
S.T.L.	Seetransport-Leitung (österr.)
Stellv.	Stellvertretende(r,s)
St.1 Pi.Jnsp.	Stellvertretende 1. Pionier-Inspektion
Steinschlag.	Zentrale für Steinschlag bei der verkehrstechnischen Prüfungskommission
Stellw.Kol.	Stellwerks-Kolonne
Stffst.	Staffelstab
St G H	Staatsgerichtshof
St.G.B.	Das ukrainische Staatsgetreidebüro
St.Komp.	Stamm-Kompagnie
St M	Staatsministerium
St.M.J.	Stellvertretender Militär-Inspektor der freiwilligen Krankenpflege
Stf.	Staffel
St.N.	Stärkenachweisung
Sto.	Stabsoffizier
St.O.	Stromaufsichtsoffizier der Schifffahrtsabteilung
Stoart.	Stabsoffizier der Artillerie
Stobak.	Stabsoffizier der Ballonabwehrkanonen
Stobeu.	Stabsoffizier für Beute- u. Sammelwesen
St.Offz.d.Pi.	Stabsoffizier der Pioniere
Stoeis.	Stabsoffizier der Eisenbahntruppen

Stogas.	Stabsoffizier vom Gasdienst bei einem A.O.K.
St.O.Gas.	Stabsoffizier vom Gasdienst bei einem A.O.K.
Stofl.	Stabsoffizier der Flieger
St.O.Fl.	Stabsoffizier der Flieger
Stofelda.	Stabsoffizier der Feldartillerie
Stoflak.	Stabsoffizier der Flugabwehrkanonen
Stoflakheim.	Stabsoffizier der Flugabwehrkanonen im Heimatgebiet
Stofl.Heim.	Stabsoffizier der Flieger im Heimatgebiet in Frankfurt/M. u. Berlin
Stoflum.	Stabsoffizier des Flugmeldedienstes
St.O.Flu.M.	Stabsoffizier des Flugmeldedienstes
Sto.f.schwerst. Flachfeuer	Stabsoffizier für schwerstes Flachfeuer
Sto.Fussa.	Stabsoffizier der Fußartillerie
Stokraft.	Stabsoffizier der Kraftfahrtruppen zur besonderen Verwendung
Stokraft.Heimat.	Stabsoffizier der Kraftfahrtruppen für die Heimat
Stoluft.	Stabsoffizier der Luftschiffertruppen
Stoluft.Heim.	Stabsoffizier der Luftschiffertruppen im Heimatgebiet in Metz
Stomag.	Stabsoffizier der Maschinengewehrtruppen
Stopi.	Stabsoffizier der Pioniere
Stoschwefl.	Stabsoffizier für schwerstes Flachfeuer beim Stabe des Generals der Artillerie I der Heeresgruppe
Stotel.	Stabsoffizier der Telegraphentruppen
Stotrain.	Stabsoffizier des Trains bei einem A.O.K.
Stoverm.	Stabsoffizier des Vermessungswesens
St Pr	Staatspräsident
Str.	Straße
Str.	Armee-Abteilung Stranz (auf Kfz-Kennzeichen)
St R A	Statistisches Reichsamt
Stra.B.K.	Straßenbau-Kompagnie
Stra.Son.Kdo.	Straßenbau-Sonderkommando
Str.A.Tr.	Strecken-Arbeiter-Trupp
Str.B.Kol.	Strecken-Baukolonne
Strk.O.	Starkstrom-Offizier
S.Tr.O.	Seetransport-Ordnung
Stabhf.	Staatsbahnhof (auf Karten)
St.Sch.	Standschützen (österr.)
St.St.	Staffel-Stab
Ststr.	Starkstrom
St.Str.Abt.	Starkstrom-Abteilung
St.Str.Komp.	Starkstrom-Kompagnie
stv.	Stellvertretende(r,s)
St.V.	Stabs-Veterinär
Subito.	Telegrammanschrift der Abteilung IIIb des Stellvertretenden Generalstabes
Südawe.	Artillerie-Werkstatt Süd in Spandau
Sup.	Subarbitrierung (österr.)
Sw.	Scheinwerfer
S.W.	Scheinwerferzug
S.W.	Sägewerk (auf Karten)
S.W.G.	Schnellwurfgranate (österr.)
Sz.	Schnellzug

T

T.	Teich (auf Karten)
T	Torpederoffizier (an Uniformen)
t.	Tonne
t.	tote
T 1	Heeresabteilung des Reichswehrministeriums
T 2	Heeresorganisationsabteilung des Reichswehrministeriums
T 3	Heeresstatistische Abteilung des Reichswehrministeriums
T 4	Heeresausbildungsabteilung des Reichswehrministeriums
T 5	Wehrabteilung des Reichswehrministeriums
T 6	Erziehungs- u. Bildungswesen des Reichswehrministeriums
T 7	Heerestransportabteilung des Reichswehrministeriums
T.A.	Truppenamt des Reichswehrministeriums
T.A.	Telegraphen-Abteilung der Militär-Eisenbahn-Abteilung
T.A.	Tierarzt (österr.)
Taberdienst	Technische Bezirksdienststelle Berlin
Tabl.	Tabletten
Tablink.	Technische Abteilung für Blinkgerät
Taord.	Technische Abteilung für Erdtelegraphie
Tact.	Taktik
Tafern.	Technische Abteilung der Fernsprechtruppen
Tafunk.	Technische Abteilung der Funkertruppen
Takraft.	Technische Abteilung der Inspektion der Kraftfahrtruppen
Talkris.	Kriegsmetall-Aktiengesellschaft
T.A.N.	Truppen-Arbeitsnachweis
Tarb.	Tarifbüro
T.B.	Telegraphenbüro des Generalstabes (österr.)
T.B.	Technisches Betriebs-Bataillon
Tb.	Technisches Büro
Tb.	Torpedoboot (österr.)
TBA	Technisches Betriebs-Bataillon Amberg
TBJ	Technisches Betriebs-Bataillon Ingolstadt
TBKD	Technische Betriebs-Kompagnie Dachau
T.D.	Truppen-Departement des Kriegsministeriums
T.D.	Territorialdelegierter der freiwilligen Krankenpflege
T.D.	Torpedo-Depot
T.D.	Torpedo-Division
Td.	Traindepot
TD	Traindepot-Direktion
T.Dir.	Traindepot-Direktion
Tebedienst.	Technische Bezirksdienststellen (Maschinenausgleichsstellen)
techn.	Technische(r,s)
T1(eins)T	Transportgruppe
Teka.	Trockenkartoffel-Verwertungsstelle
Tel.	Telegraphe(en)
Tel.B.	Telegraphen-Bataillon

Telba.	Telegraphen-Beauftragter
Telbalkan.	Telegraphenbeauftragter auf dem Balkan
Tel.B.Kol.	Telegraphen-Baukolonne
Teleins	Fernsprech-Ersatz-Abteilung 1
Telerin.	Inspektion der Telegraphentruppen in Berlin
Telf.	Telefon, telefonisch (österr.)
Telfraprü.	Militärische Frachtprüfstelle für die Inspektion der Telegraphentruppen
Telg.	Telegramm, telegraphisch (österr.)
Telklas.	Telegraphen-Abteilung Kleinasien
Telpegel.	Der österreichische Feldtelegraphenchef
Telzwei.	Fernsprech-Ersatz-Abteilung 2
Tenak.	Türkische Einkaufs- u. Abnahmekommission in Berlin
Tewumba.	Traindepot-Inspektion der Wumba
T-Flugzeug	Torpedo-Flugzeug
tgb.	Tragbar
Tgb.	Tagebuch
Tgt.	Tragtier (österr.)
Th	Thüringen
T.H.	Technisches Hauptbüro der Wumba
T.H.	Turmhaubitze (in taktischen Zeichen)
T.H.	Türkischer Eiserner Halbmond
T.J.	Torpedo-Inspektion
T.J.	Technische Institute
T J	Inspektion der Technischen Institute beim Kriegsministerium 1.4.1896-1.4.1898
T.J.1	Technische Abteilung
T.J.2	Handwaffenabteilung
Ti.	Telegraphen-Inspektion
Tit.	Titular (österr.)
T.J.d.A.	Technische Institute der Artillerie
T.J.d.J.	Technische Institute der Infanterie
Tit.u.Char.	Titel u. Charakter (österr.)
T.K.J.	Tiroler Kaiser-Jäger (österr.)
tm	Tonnenmeter
T.M.K.	Technisches Militärkomitee (österr.)
T.O.	Traindepot-Ordnung
T.O.	Teerofen (auf Karten)
Tog.	Togo
Top.	Topographie
T.R.	Türkischer Roter Halbmond
T.R.	Telegraphen-Regiment (österr.)
Tr.	Train
Tr.	Truppen
Träg.	Träger
Trajekt.	Güter, die über die holländische Bahnstrecke Dalheim-Roermond-Hamont u. Venlo-Roemond zu leiten waren
Transp.F.V.	Transportführer-Vorschrift
Tr.D.	Traindivision
Tr.E.A.	Train-Ersatz-Abteilung
Trg.	Träger (österr.)

Trig.A.	Trigonometrische Abteilung der Landesaufnahme des Großen Generalstabes
Trig.P.	Trigonometrischer Punkt (auf Karten)
Trp.	Trupp, Truppe
Tr.Tr.	Trägertrupp
Tr.Ueb.Pl.	Truppen-Übungsplatz
Truna.	Truppen-Nachrichten-Abteilung des Regiments
Truo	Truppen-Unterrichts-Offizier
T.S.	Abteilung „Technische Verkehrsmittel" des Großen Generalstabes
T.Ue.	Telegramm-Überwachungsstelle
T.U.R.	Thüringisches Ulanenregiment
Türk.Fech.	Türkischer Chef des Feldeisenbahnwesens
T.V.	Technische Vereinbarungen des Vereins deutscher Eisenbahnverwaltungen vom 1.1.1897
T.V.	Zentrale für Völkerrechtsverletzungen u. andere Anschuldigungen militärischer Art beim Reichswehrministerium
Tw.	Telegraphenwerkstätte
T.Z.	Telegraphen-Zug

U

U.	Uniform
U.	Unter
U.	Unterseeboot
U.	Urschriftlich
u.	und
U 1	Unterkunftsabteilung Ost beim Kriegsministerium
U 2	Unterkunftsabteilung West beim Kriegsministerium
U 3	Übungsplatzabteilung beim Kriegsministerium
U 4	Bauabteilung beim Kriegsministerium
U 5(G.S.)	Abteilung für Kriegsgefangenenschutz im Auslande beim Kriegsministerium
U 5(Z.V.)	Abteilung für Völkerrechtsverletzungen beim Kriegsministerium
U 6	Abteilung für Gefangenenernährung beim Kriegsministerium
U 7	Fürsorgeabteilung für zurückgekehrte Kriegsgefangene beim Kriegsministerium
U.A.	Unterabschnitt
u.a.	und andere, unter anderem
u.a.m.	und anderes mehr
U-Boot	Unterseeboot
U-Boots-Zentrale	Zentrale der Kaiserlichen Marine zur Versorgung der U-Boots-Industrie mit Betriebsstoffen Berlin
Übpl.	überplanmäßig
U.D.	Unterkunfts-Departement des Kriegsministeriums
u.degl.	und dergleichen
Ueb.	Übungs-(Platz)
Uebertr.	Übertritt
Ueberw.	Überweisung
Ueb.Pl.	Übungsplatz
Ueb.St.Hd.Gr. August	Übungsstielhandgranate August (Brenndauer 3 Sekunden)
Uek.	Übersichtskarte
Uez.	Übergabezug
U.H.E.	Unterbrechung u. Herstellung von Eisenbahnen
U.J.	U-Boot-Inspektion
ük.	Überkomplett
Ul.	Ulanen
U.M.V.	Unfall-Meldevorschrift des Feldeisenbahnchefs
U.N.R.	Ukrainischer Nahrungsmittel-Rat
Unter Dniepr deutscher Stab	Eine Schifffahrtsgruppe der Schifffahrtsabteilung (am Fluß Dnjepr in der Ukraine)
Unterk.	Unterkunfts-(Amt)
U.O.	Unterrrichts-Offizier
U.O.	Unteroffizier
U.R.	Ulanen-Regiment
U.S.A.	Vereinigte Staaten von Amerika
U.S.A.	Unterwasser-Schneide-Abteilung
Us(Gv-Zv)	Abteilung für Kriegsgefangenenschutz und Völkerrechtsverletzungen im Auslande beim Kriegsministerium

U-St.	Überwachungsstelle
u.s.w.	und so weiter
Utel.	Unabhörbarer Fernsprecher
Utffz.	Unteroffizier
Uwo.	Zentralstelle für Unterricht u. Wohlfahrt bei der Heeresgruppe Linsingen
u.zw.	und zwar

V

V.	Verordnung
V.	Verpflegung
V	Verwaltung der Werften (an Uniformen)
V	Vorarbeiter der Handwerkerabteilung (an Uniformen)
V.	Vormittag
V.	Sektion Verwaltung der Abteilung IIIb des Stellvertretenden Generalstabes
V.	Vorwarnstelle der Artillerie
V.	Versuchskompagnie
V	Reichsverkehrsministerium
V	Vortrag, zum Vortrag
v.	Von, vom (auch auf Karten)
v.	Vergleiche
v.	Verbum
V 1	Heeres-Beamtenabteilung des Reichswehrministeriums
V 2	Heeres-Unterkunfts- u. Übungsplatzabteilung des Reichswehrministeriums
V 3	Heereskassen- u. Besoldungsabteilung des Reichswehrministeriums
V 4	Heeres-Verpflegungs- u. Bekleidungsabteilung des Reichswehrministeriums
V 5	Heeres-Bauverwaltungsabteilung des Reichswehrministeriums
V 6	Heeres-Verwaltungsamt des Reichswehrministeriums
V.A.	Verteidigungs-Anleitung
Va.	Verkehrsamt
v.A.	Vor Abgang des Schreibens
V.A.	Versuchs-Abteilung der Verkehrstruppen
V.A.	Vermessungs-Abteilung im Felde
V.A.(L)	Vermessungs-Abteilung des Stellvertretenden Generalstabes
Vadeis.Berlin	Versuchsabteilung des Eisenbahn-Ersatzparks
Vakraft.	Versuchsabteilung der Inspektion der Kraftfahrtruppen
Vauwumba.	Verwaltungsinspektion der Wumba
V.A.W.	Ohne Vorgang (veraltet)
V.B.	Verordnungsblatt
Vb.	Vorwarner der Artillerie in der 3. Verteidigungszone
V.-Leute	Vertrauensleute
Vbf.	Verschiebebahnhof
Vb-Gerät	Photographisches Gerät zum Vergrößern u. Entzerren der Fliegeraufnahmen
V.Bl.	Verordnungsblatt
Vbo.	Verbindungsoffizier der Schifffahrtsabteilung
Vbz.Vw.	Annahme, Leitung u. Verwaltung von Vereinslazarettzügen (Vorschrift)
v.d.A.	Vor dem Abgang vorzulegen
V.d.F.H.	Anleitung zur Verpflegung des Feldheeres
Vdg.	Verordnung (österr.)
V.d.T.	Verein deutscher Teigwarenfabrikanten Frankfurt/M.
V.d.V.St.	Verzeichnis der Vermittelungsstellen im Heimatgebiet für Nachschubsendungen an die Feldtruppen
V.d.V.u.B.St.	Verzeichnis der Vermittelungs- u. Beschaffungsstellen für den Nachschub des Feldheeres einschl. Marinetruppen 1917
V1 P	Prüfungsausschuß für Beamte des höheren Verwaltungsdienstes im Reichswehrministerium

Verbin.	Verbindung(s)
verb.m.	Verbunden mit
Verfg.	Verfügung
Verk.	Verkehrs
Verkzug	Verkehrszug
Verm.	Vermittlungsstation (in der Fernsprechleitung)
Verm.	Vermessungs
Verm.	Vermessungsabteilung im Stellvertretenden Generalstab
Vermchef.	Chef des Kriegsvermessungswesens
Vermtr.	Vermessungstrupp
Verpfleg.	Verpflegungs-(Amt)
Verprüko.	Verkehrstechnische Prüfungskommission
Vers.	Versuchs
vers.	Versetzt
Ver.St.	Verteilungsstelle
Vers.Kdo.Flak.	Versuchskommando der Flugabwehrkanonen
Vers.Kp.	Versuchs-Kompagnie
Vers.Kp. (Markendorf)	Versuchs-Kompagnie in Markendorf bei Jüterbog
Vers.Stelle.	Versorgungsstelle (Bezirkskommando)
Verw.	Verwalter (österr.)
Verw.	Verwaltungs
verw.	Verwundet
Verweko.	Verwertungskommission für Kriegseisenbahngerät
Verwz.	Verwundetenzug
Vet.	Veterinär
Vet.	Veterinärwesen
Veterinärdepot	Veterinär-Sanitätsdepot der Militär-Veterinär-Akademie
Vet.San.Vor.Wg.	Veterinär-Sanitätswagen
Vf.	Verfügung(en,s)
Vfg.	Verfügung(en,s)
V.f.H.Detmold	Vermittlungsstelle für Heereslieferungen für das Fürstentum Lippe Detmold
Vg.	Verordnung
vgl.	Vergleiche
v.g.u.	Vorgelesen, genehmigt, unterschrieben
V H	Völkerbundabteilung (Gruppe Heer) im Reichswehrministerium
V.H.	Vorrats-Hauptlager der Ingenieurkomitees
V.H.	Versuchshaubitze (in taktischen Zeichen)
v.J.	Vorigen Jahres
V.J.	Veterinär-Inspektion
V.Jn.	Veterinär-Inspektion
V.K.	Verwaltungs-Kommission (österr.)
V.K.	Verkehrskontrolleur
V.K.	Vereinfachungs-Kommission beim Kriegsministerium
Vlz.	Vereinslazarettzug
Vlz.Vw.	Verwaltung von Vereinslazarettzügen
Vlz.Vw.	Annahme, Leutung und Verwendung von Vereinslazarettzügen (Vorschrift)
v.M.	Vorigen Monats

V.M.D.	Volks-Marine-Division (am 11.11.1918 gegründet)
V.N.	Verläßliche Nachrichten
V.N.	Vorrats-Nebenlager des Ingenieurkomitees
V.O.	Verbindungs-Offizier
V.O.	Vernehmungs-Offizier
V.O.	Viehbeschaffungs-Organisation (unter der Zentralstelle zur Beschaffung der Heeresverpflegung
Vodeis	Vereinigung der Offiziere der ehemaligen Eisenbahntruppen e.V.
V.O.Ets.	Verlade-Ordnung des Etappen-Sanitäts-Depots
Vofech.	Verbindungsoffizier des Feldeisenbahnchefs beim Beauftragten des Generalquartiermeisters West
V.O.K.M.	Verbindungsoffizier des Großen Generalstabes beim Kriegsministerium 1919
Vor Abg.	Vor Abgang des Schreibens
Vorm.	Vormittags
Vorst.	Vorstand
V.O.Sd.	Verlade-Ordnung des Etappen-Sanitäts-Depots
V.O.v.Pl.	Verkehrsoffizier vom Platz
Vpfl.	Verpflegung(s)
V.P.K.	Verkehrstechnische Prüfungskommission
V.P.S.	Vertrags-Prüfungsstelle bei der Abteilung für Lieferungsstatistik des Kriegsministeriums
V.S.	Verwundeten-Sammelstelle
V.S.A.	Vertretung des k.u.k. Kriegsministerium für Sicherstellung von Armeebedürfnissen in Berlin
Vs A	Heeresversorgungs-Abteilung im Reichswehrministerium
V Sitzg.	Vortrag in der Vollsitzung
V.S.St.	Versprengten-Sammelstelle
V.St.	Verdienststern (österr.)
V.St.d.B.	Vermittlungsstelle der Bundesstaaten für Heeres- u. Marinelieferungen
V.-Stellung	Vorfeld-Stellung
Vtr.A.	Vertrauens-Ausschuß
V.U.	Vaterländischer Unterricht
Vw.	Vorwerk (auf Karten)
Vwa.	Verwaltungs-Abteilung des Ingenieurkomitees
Vwf.	Volkswohlfahrtsministerium
Vz.	Viehzug
Vz. Bei	Vorzuzeigen bei

W

W.	Westen
W.	Abteilung W- Wirtschaftliche Abteilung der Friedenskommission; Abteilung Verwaltung des Großen Generalstabes
W	Wehrmachtabteilung (politische Abteilung) des Reichswehrministeriums
W.	Württembergische(r,s)
W.	Abteilung für Waffen u. Feldgerät
W.	Warme Verpflegung (auf Eisenbahntransporten)
W	Armee-Abteilung Woyrsch (auf Kfz-Kennzeichen)
W.	Vorwerk (auf Karten)
W	Auf Wagen (in taktischen Zeichen)
w.	Westlich
W.A.	Wehramt des Reichswehrministeriums
W.A.	Inspektion der Technischen Institute der Artillerie bei dem Wumba
Wa.	Werkstättenamt
Wa.	Waldeck
W.A.d.K.	Wachoffizier der Kommandantur Berlin
W.A.Jndustrie.	Wirtschafts-Ausschuß für Industrieanlagen im besetzten Gebiet beim A.O.K. (regelt die Ausfuhr von Sparmetallen nach Deutschland)
Wa A	Heeres-Waffenamt des Reichswehrministeriums
Wa 2	Heers-Waffen- u. Munitionsabteilung des Reichswehrministeriums
Wa 3	Heeres-Geräteabteilung des Reichswehrministeriums
Wa 4	Heeres-Zeugamtsabteilung des Reichswehrministeriums
Wa B	Beschaffungswesen des Heeres-Waffenamtes
Wa B1(tech.)	Technisches Amt u. Vorprüfung des Heeres-Waffenamtes
Wa B2	Heereswaffen- u. Munitionsabteilung des Heeres-Waffenamtes
Wa B3	Heeresgeräteabteilung des Heeres-Waffenamtes
Wa Dr	Druckereiverwaltung des Heeres-Waffenamtes
Wa Pr.	Prüfungswesen des Heeres-Waffenamtes
Wa Prw1	Ballistische Abteilung des Heeres-Waffenamtes
Wa Prw2	Munitionsabteilung des Heeres-Waffenamtes
Wa Prw3	Infanterieabteilung des Heeres-Waffenamtes
Wa Prw4	Artillerieabteilung des Heeres-Waffenamtes
Wa Prw5	Pionierabteilung des Heeres-Waffenamtes
Wa Prw6	Kraftfahrabteilung des Heeres-Waffenamtes
Wa Prw7	Nachrichtenabteilung des Heeres-Waffenamtes
Wa Stab	Stab des Heeres-Waffenamtes
Wa Vs	Vorschriftenstelle des Heeres-Waffenamtes
Wa Vw	Verwaltungswesen des Heeres-Waffenamtes
Wa Vw 4	Heeres-Zeugamtsabteilung des Heeres-Waffenamtes
Wa Vw 5	Verwaltungabteilung des Heeres-Waffenamtes
Wa Ztschr.	Zeitschriftenstelle des Heeres-Waffenamtes
Wabst.	Waldabbaustelle der Schifffahrtsabteilung
W.A.F.	Wiener Automobil-Fabrik
Waffenm.Ger.Wg.f. Jnf.	Waffenmeister Gerätewagen für Infanterie

Wako.	Waffenstillstandskommission
W.A.St.	Wagenanmeldestelle
W.A.Tr.	Werkstätten-Arbeitertrupp
W.A.V.(Wumba)	Abteilung W. Pi. der Pionierdepot-Inspektion
W.B.	Württembergischer Beauftragter beim Kriegsministerium
Wb.	Weichenbau
Wb.	Wagenbüro
Wba.	Wasserbautechnischer Beauftragter der Schifffahrtsabteilung
W.Betr.K.	Wasser-Betriebs-Kompagnie
Wbh.	Wasserbehälter (auf Karten)
W.B.K.	Wasser-Bau-Kompagnie
W D	Waffen- u. Munitionsbeschaffungsamt, Artilleriedepot-Inspektion
W.D.	Werft-Division
W.Dem.Bl.	Die wirtschaftliche Demobilmachung (Amtliche Anordnungen u. Mitteilungen)
We.	Reichswehrministerium
Wehrkr.	Wehrkreis
Weka	Abteilung für Waffen, Feldgerät und Kriegsamtangelegenheiten beim Württembergischen Kriegsministerium
Wekamasch	Maschinenausgleichstelle u. technisches Referat beim Württembergischen Kriegsministerium
Werkst.	Werkstätte
Wewa.	Wetterwarte am Luftschiffhafen
Wewaheim.	Wetterwarte des Heimatgebietes
Wewaheimluft	Wetterwarte des Heimatluftschutzes Feldberg am Taunus
W.F.	Werfer-Führer (Minenwerfer)
W.F.	Wagenfähre (auf Karten)
W.f.K.	Wagenbedarf für Kriegstransporte
W.Flak.Battr.	Flugabwehr-Kanonen-Batterie auf Wagen
W.Flak.Zug	Flugabwehrkanonenzug auf Wagen
W.Flug.Zug.	Flugabwehrkanonenzug auf Wagen
W.G.	Wirtschaftsgruppe (bei den Kriegsamtsstellen)
W.G.	Wehrgesetz
W.G.	Wartegebühr (österr.)
Wg.	Wagen
W.G.V.	Woll- u. Wollgarn-Verwertungsstelle bei der Kriegsrohstoff-Abteilung des Kriegsamtes
W.H.Pl.	Wagen-Halteplatz des Sanitäts-Kompagnie
Whs.	Wirtshaus (auf Karten)
Wi.	Wirtschaft
Wi	Reichswirtschaftsministerium
W.J.	Inspektion der technischen Institute der Infanterie beim Wumba
W.I.	Wilhelm Imperator (auf Flaggen der Seebataillone)
W II	Wilhelm der Zweite
Wiga.	Wirtschafts-geopraphische Abteilung in der Türkei
W.J.M.L.	Wollmusterlager beim Kriegsamt
Wirtsch.-	Wirtschafts-(Amt)
Wi Stab	Wirtschaftsstab des Heeres-Waffenamtes
W.K.	Wehrkreis
W.K.	Wissenschaftliche Kommission beim Kriegsamt

Wk.	Werk (österr.)
W.K.B.	Wirtschaftskommission beim Generalgouverneur in Belgien
W.K.M.	Württembergisches Kriegsministerium
W.Kol.	Werkstatt-Kolonne
Wkst.	Werkstätte (österr.)
W.L.St.	Weiterleitungsstelle
Wltg.	Wasserleitung (auf Karten)
WL.Z.	Werkstättenlastzug (österr.)
W.M.	Webstoff-Meldeamt bei der Kriegsrohstoff-Abteilung des Kriegsamtes
W.O.	Wehrordnung
W.O.	Werfer-Offizier (Minenwerfer)
W.O.	Wirtschaftsoffizier
W Pi	Wumba, Pionier-Inspektion
WRII	Wilhelm Rex II., deutscher Kaiser Wilhelm II.
W R.	Chefingenieur des Technischen Hauptbüros des Wumba
W R I	Förderung sämtlicher Bauten der Deutschen Rüstungsindustrie, bautechnische Beratung, Beamtenprüfung und Abschätzung beim Wumba
W R II	Maschinen u. Werkzeugmaschinen beim Wumba
W R III	Elektrische Maschinen u. Einrichtungen beim Wumba
W R IV	Ein- u. Ausfuhr beim Wumba
W R V	Artillerie-Kraftzugmaschinen beim Wumba
W R T H	Technisches Hauptbüro beim Wumba
W.S.	Waffen-Sammelstelle (in taktischen Zeichen)
W.S.O.	Waffen-Sammel-Offizier
W St.	Wumba Stab
W St.	Kaiser Wilhelm II-Stiftung für Offiziere u. Beamte
W T	Wumba Traindepot-Inspektion
W.T.B.	Wolffs-Telegraphen-Büro (offizielles Organ der Regierung)
Wth.	Wachtturm (auf Karten)
Wü.	Württemberg
Wüflasgruppe 1	Württembergische Flugabwehrkanonen-Scheinwerfergruppe 1 in Trossingen
Wumba.	Waffen- u. Munitionsbeschaffungsamt beim Kriegsministerium (Kriegsamt)
Wumbaauskunft.	Zentrale Auskunftsstelle des Kriegsamtes besonders über Sitzungen von Industrievertretern
Wumbastelle Brüssel	Maschinenbeschaffungsstelle Brüssel
Württ.	Württembergische(r,s)
Wü St Pr	Württembergischer Staatspräsident
W.V.	Verwaltungs-Inpektion des Wumba
w.v.	Wiedervorzulegen oder weitervorzulegen
W.V.	Bus Wumba, Bücherei u. Sammlung
W.W.	Windwarte
W.W.	Wiesenwärter (auf Karten)
W.Z.	Zentralabteilung des Wumba

Z

Z	Zahlmeister (an Uniformen)
Z.	Zeppelin-Luftschiff
Z	Zeugoffizier, Zeugfeldwebel (an Uniformen)
Z.	Ziffer
Z.	Zug, Züge
Z.	Zentralabteilung des Reichswehrministeriums
Z.	Zentralabteilung des Großen Generalstabes. Ihr war Abteilung IIIb angegliedert
Z.	Zisterne, zeitweise trinkbares Wasser enthaltend (auf österr. Karten)
z.	Zu, zur, zum
Z 1	Ministerialabteilung des Kriegsministeriums
Z 2	Intendanturabteilung, später Etatabteilung des Kriegsministeriums
Z 3	Nachrichtenabteilung des Kriegsministeriums
Z 4	Abteilung für Lieferungsstatistik mit Vertragsprüfstelle u. Patentreferat beim Kriegsministerium
Z 5	Heeresgeschichtliche Abteilung des Kriegsministeriums
Z.A.	Zeugamt
Z.A.	Zement-Ausgleichstelle bei der Kriegsrohstoff-Abteilung des Kriegsamtes
Z.A.B.	Zivil-Arbeiter-Bataillon
Z.A.K.	Zwischenamtliche Kommission für volkswirtschaftlichen Nachrichtendienst, angegliedert der wissenschaftlichen Kommission des Kriegsamtes
Z.A.K.	Spandau Zentralnachweisamt für Kriegsverluste u. Kriegsgräber in Spandau
Zaufka	Zentralstelle für Sprengstoff- u. Munitionsfabriken beim Stabe des Kriegsamtes
z.B.	Zum Beispiel
z.b.V.	Zur besonderen Verwendung
Z.D.	Zentraldepartement des Kriegsministeriums
Zd.	Zentraldirektorium der Vermessungen bei der Landesaufnahme des Großen Generalstabes (Leitung des gesamten Verwessungswesens)
z.D.	Zur Disposition
z.d.A.	Zu den Akten
Z.E.G.	Zentral-Einkaufs-Gesellschaft m.b.H. (Kriegsgesellschaft)
Zegrost	Zentralstelle Grenzschutz Ost
Zek.	Zentralstelle für den Erkennungsdienst der Feldpolizei-Direktion OberOst
Ze.M.B.	Zentral-Materialien-Beschaffungsstelle
Zemb.	Zentral-Materialien-Beschaffungsstelle
Zenkraft	Zentralabteilung der Inspektion der Kraftfahrtruppen
Zens.	Zensur
Zent.	Zentrale
Zetwumba	Zentralabteilung des Wumba
Zetzetpe	Zentralzerlegungsbetrieb, Abteilung P des Feuerwerkslaboratoriums in Spandau
z.F.	Zu Fuß
Z.f.St.	Zentralstelle für Steinschlag bei der Verkehrstechnischen Prüfungskommission
Z.G.E.	Zeitschrift der Gesellschaft für Erdkunde
Zgl.	Ziegelei (auf Karten)

Z.H.(Kriegsamt)	Unterabteilung Gummi u. Holz der Kriegs-Rohstoffabteilung
Zi.	Zisterne, immer trinkbares Wasser enthaltend (auf österr. Karten)
Zirk.	Zirkular (österr.)
Ziv.	Zivil
Z.K.	Zentralstelle für Kriegsbeute beim Kriegsministerium
Z.K.(Kriegsamt)	Zentralstelle für Kriegsbeute
z.K.	Zur Kenntnis
Z.K.E.	Zentralstelle für Kriegserfahrungen bei der Abteilung IIIb des Stellvertretenden Generalstabes
Z.M.B.	Zentral-Materialien-Beschaffungsstelle
Z.N.	Zentralstelle für Nachlasssachen beim Kriegsministerium
Z.Oe.B.	Zentral-Öl-Beschaffungsstelle
Zollhs.	Zollhaus (auf Karten)
Zollpon.	Zollposten
Zollstat.	Zollstation
z.Pf.	Zu Pferde
z.S.	Zur See
z.S.	Zur Sammlung
Z-Schiff	Zeppelin-Schiff
Z.St.	Zentralabteilung des Stellvertretenden Generalstabes
Z.St.Mitte.	Zentralpolizeistelle Mitte beim Stellvertretenden Generalstab (für den Bereich der Oberkommandos in den Marken, IV., XI., XII. u. XIV. Armeekorps)
Z.St.W.	Militärische Zentralpolizeistelle Württemberg
z.T.	Zum Teil
Z.T.L.	Zentral-Transport-Leitung in Wien
Ztl.	Zentral-Transport-Leitung in Wien
Ztl.Schiff.Wien	Zentral-Transport-Leitung Schiffsgruppe Wien
Ztr.A.	Zentral-Aussuß
z.U.	Eigenhändig zu unterschreiben
zug.	Zugeteilt
zugst.	Zugestellt
zugl.	Zugleich
Zugpark.	Zugmaschinenpark der Fußartillerie in Opladen
Z.V.	Vorschrift betr. die tragbare Zeltausrüstung
Z.V.	Zentral-Verrechnungsstelle bei der Zentral-Einkaufsgesellschaft, Spedition der Einfuhr aus Rumänien
Z.V.	Zivilverwaltung
Zwb.	Zwischenbescheid
Zw.V.	Zwischenverfügung
z.Zt.	Zur Zeit

Zahlen und Sonderzeichen

Krone	Kaiserlicher Automobilpark, Kaiser, Bayer. König, Kronprinz (kaiserlich-preußischer, evtl. auch bayerischer) (auf Kfz-Kennzeichen)
Balkenkreuz	Hoheitszeichen für Flugzeuge und Tanks
Eisernes Kreuz	Hoheitszeichen für Flugzeuge und Tanks
Rotes Kreuz	Sanitätsfahrzeuge und Sanitätseinrichtungen
Totenkopf	Symbol verschiedener Freikorps an ihren Kfz u. Flaggen
+	Triplecodex-Zeichen, Troplecodex-Signalflagge
Ä	Bezeichnung einer Signalflagge
Ö	Bezeichnung einer Signalflagge
ü	Bezeichnung einer Signalflagge
α	Bezeichnung einer Signalflagge
β	Schwerer Küstenmörser
β	Bezeichnung einer Signalflagge
γ	Kurze Marinekanone, 48cm Steilfeuergeschütz, im Volksmund „Dicke Berta" genannt. Nr. 1,2,4,8 u. 9 auf Vollbahn
γ	Bezeichnung einer Signalflagge
δ	Bezeichnung einer Signalflagge
ε	Bezeichnung einer Signalflagge
λ	Bezeichnung einer Signalflagge
ρ	Bezeichnung einer Signalflagge
1.A.	1.Abteilung des Großen Generalstabes, Fremde Heere, Ost (Russland, Ostasien, Persien, Türkei, Nordische Reiche)
2.A.	2.Abteilung des Großen Generalstabes, Mobilmachung, Aufmarsch, Festungen
3.A.	3.Abteilung des Großen Generalstabes, Fremde Heere, Westen (Frankreich, England, Ägypten, Afghanistan, Siam)
4.A.	4.Abteilung des Großen Generalstabes, Festungen des westlichen Kriegsschauplatzes
5.A.	5.Abteilung des Großen Generalstabes, Generalstabsreisen
6.A.	6.Abteilung des Großen Generalstabes, Manöver-Abteilung
7.A.	7.Abteilung des Großen Generalstabes, Festungen des östlichen Kriegsschauplatzes
8.A.	8. Abteilung des Großen Generalstabes, Bearbeitung der Vorschriften für Offiziere, Kriegsakademie
9.A.	9.Abteilung des Großen Generalstabes, Fremde Heere West (Italien, Schweiz, Belgien, Holland, Luxemburg, Spanien, Portugal, Amerika, Deutsche Kolonien)
10.A.	10.Abteilung des Großen Generalstabes, Fremde Heere Ost (Österreich, Ungarn, Rumänien, Bulgarien, Serbien, Griechenland, Montenegro)
Ia	Ältester Generalstabsoffizier des Stabes, der die Operationen und taktischen Angelegenheiten bearbeitete
Ia/I 8	Beim Generalkommando des Garde-Reserve-Korps im Januar 17 eingerichtete Abteilung zur Bearbeitung der Siegfried-Alberich-Bewegung
Ib	Generalstabsoffizier, der den Nachschub bearbeitete
Ic	Generalstabsoffizier, der besonders das Nachrichtenwesen bearbeitete
IIa	Offizier beim höheren Stabe, der besonders die Offiziersangelegenheiten bearbeitet

IIb	Offizier beim höheren Stabe, der besonders die Mannschaftsangelegenheiten bearbeitet
IId	Offizier beim höheren Stabe, der besonders die Auswertung der Erkundungsergebnisse bearbeitet
IIM	Bayerischer Militärkraftwagen (auf Kfz-Kennzeichen)
IIIb	Nachrichtenwesen, Unterabteilung des Großen Generalstabes
I-XIX	1.-19. Armee (auf Kfz-Kennzeichen)
XX	*Nord-Korps* (auf Kfz-Kennzeichen)
XXI	*Pascha I* (auf Kfz-Kennzeichen)
XXII	*Deutsches Karpaten-Korps* (auf Kfz-Kennzeichen)
№	Numero

[1] Zu diesem Thema s.: Schönberger,Paul, Stefan Schimmel: Kaisertage, Südverlag Konstanz 2018
[2] Damals hieß der Kriegsschauplatz in fast allen europäischen Sprachen (engl., franz., ital., russ.) Theater. Im Deutschen wird der Begriff nur selten verwendet.
[3] Militär-Attaché der USA war Oberst Kuhn, folgende Pressevertreter der USA waren im GHQ: von Wiegand - New York World; Browne - New York Press; Jacobsohn von der Hearstpresse; ein Vertreter vom New York Magazine und Bennet (unbekannte Zeitschrift).
[4] GuVBl okkupierte Gebiete Belgiens 1915, Nr. 111, S. 922-934
[5] VBl Generalgouvernement Warschau 1915, Nr. 16, S. 1-4
[6] Das Land Ober Ost, Berlin 1917, S.165ff.
[7] Verordnungen f. d. Bevölkerung Rumäniens im Geb. MV Nr. 2/1917, S. 11, Nr. 17
[8] K.u.K. Kriegsministerium, Abt. 5/M, Nr. 2976
[9] Eine Abbildung in: Blumenthal,Stefan: Für die Filmpropaganda unterwegs im Ersten Weltkrieg, Helios-Verlag Aachen 2019 auf Seite 45, Nr. V-31
[10] 1. Heerespolizeiliche Bestimmungen für den Kraftwagenverkehr auf dem Kriegsschauplatz (H.B.K.) vom 15.02.1915 und 2. Kraftwagen-Verkehr auf dem Kriegsschauplatz vom 10.08.1917
[11] Viele Fotografien in: Schimon, Wilfried: Österreich-Ungarns Kraftfahrformationen im Weltkrieg 1914-1918, Mohorjeva Hermagoras, 2007
[12] Armeeverordnungsblatt 1914, S. 379f.
[13] Andreas Herzfeld: Beiträge zur deutschen Automobilgeschichte, Band 2: "Die Rimann'sche Sammlung deutscher Autoflaggen und Kfz-Stander - Deutschland bis 1945" ISBN: 978-3-935131-08-7
[14] Armeeverordnungsblatt 1914, S. 379f.
[15] Verordnung über die Neuausstellung von Zulassungsbescheinigungen für Kraftfahrzeuge, RGBl 1919, S. 243f., zitiert nach Armee-VBl 53(1919) S. 235f.